英語総合力・完全トレーニング

Reading

Listening

4

Writing

Speaking

in

4 skills in one book

ONE

フォー・イン・ワン

intermediate 中級

柴山かつの 著

アルク

はじめに

4技能へのアプローチで英語のコミュニケーション能力を上げましょう!

　本書は、input（読む、聞く）した英語をoutput（話す、書く）処理する、つまり、「読む・聞く・書く・話す」の4技能を組み合わせて英語総合力を伸ばす教材です。特に中上級学習者（TOEIC L&R TEST 550点/英検2級以上）で、伸び悩んでいらっしゃる方の、日々の学習の大きな「助け人（本）」となることをお約束します。

　自分の考えや思いを声や文字で相手に伝え、相手の言うことに耳を傾けるというのがコミュニケーションですね。また、情報や知識を外から取り入れるためには、文字を読まなくてはいけません。つまり、英語で「話す」こと、「聞く」こと、「読む」こと、「書く」ことは、それぞれ単独で成り立つものではないのです。

　本書の特色の一つは、inputする英語のカテゴリーとトピックが多岐にわたることです。聞く素材のカテゴリーでは、ニュースや広告、レクチャー、インタビューなど、読む素材では、お知らせ、解説文、レビュー、リポートなどを扱います。またトピックは、天気予報や交通情報、環境問題、健康・医療、ビジネス会議、エンターテインメント、AI、教育など。また、この本を制作している2020年冬、未だ収束のめどが立たないコロナが私たちの生活に与えた影響についても取り上げています。

　一方でoutputは、お礼やアドバイスのメールを書く、スピーチの草稿を作る、学んだ内容について誰かと会話をしてみる、要約して伝える、など。いきなり英語で話したり書いたりするのは難しいな、と思われる方に、ヒントとなる日本語も交えながら実践してみます。本書を学習すれば、必ず、英語で話す力、書く力も身に付きます。

　さらに本書では、生の英語を素材にボキャブラリーやイディオムを増強し、重要な文法事項も学べます。Readingパートではスラッシュで英文を短い単位に砕いて精読し、さらに音声を使ってすみずみまで理解します。また、内容の理解度を問う四択問題も設け、資格試験の対策書としてもお使いいただけます。

　英語は、試験のためだけに勉強すると、飽きてしまったり、苦しくなったりしがちです。楽しまなければ力は伸びません。さまざまな英文との出会いを味わい、楽しみ、「読む・聞く・書く・話す」の4つの技能をバランスよく身に付けて、あなたの世界を広げてみませんか？　学習者の皆さん、共に頑張りましょう!

2021年1月　柴山　かつの

Contents

Listeningを鍛える!

Chapter 1　聞いた情報を相手に伝える　基礎編

Unit 1　飛行機と電車、どっちで行く?
〈交通・環境／親子の会話〉……………………………… 16
- TASK　聞いた内容を第三者に話す
- 文法　比較級と仮定法
- TIP　日本の交通事情について話す

Unit 2　修繕工事の打ち合わせ
〈工事／会議〉…………………………………………… 23
- TASK　日本語で議事録を書く
- 文法　be going toとwill
- TIP　This is just a draft. の使い方

Unit 3　大学の進路相談
〈学校教育／カウンセリング〉………………………… 32
- TASK　お礼のメールを書く
- 文法　The +比較級
- TIP　外国語を学ぶ重要性

Unit 4　初めてのMRI検査
〈医療／患者と医師の会話〉…………………………… 41
- TASK　MRIについて説明する
- 文法　未来のことでも現在形で
- TIP　超音波検査について話す

Unit 5　オンライン販売の問題点
〈ビジネス／会議〉……………………………………… 51

5

Reading を鍛える！

Chapter 3　読んだ情報を相手に伝える　基礎編

この本の使い方

①学習する英語の種類を知る：このUnitで聞く（あるいは読む）英語の「難易度」「長さ」「トピックと素材の形式」「ナレーターの国籍と性別」を示します。またヘッドホン 🎧 のマークがついている箇所は、音声を聞きます。

②聞く（読む）英語と「TASK」を知る：これから聞く（あるいは読む）英語はどういう状況で発信されていて、あなたはどういう目的を持ってインプットすべきか、また、インプットした後に何をすべきかが説明されています。学習目標時間を目安に学習してみましょう（あくまでも目安ですので、必ずしもこの時間内に終わらせる必要はありません）。

③「TASK」に取り組む：音声を聞き（あるいは読み）、与えられた課題（TASK）に取り組みましょう。一度聞いたり読んだりした後にTASKが完了できない場合には、「単語のヘルプ」を参照して、もう一度、チャレンジしてみましょう（なお、Listeningは冒頭にTASKがありますが、Readingは、「単語のヘルプ」の後にTASKがあります。また、TASKが2個設定されているUnitもあります）

④「単語のヘルプ」を使う：このUnitの英文の中で、難易度が特に高いもの、あるいは固有名詞、気を付けるべきイディオムなどを取り上げています。インプットの補助に使いましょう（Readingでは、他にわからないものがあった場合には、書き抜いて、辞書で調べておきましょう）。

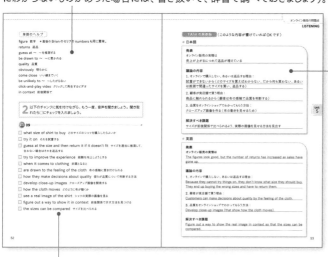

⑥「TASKの解答」で答え合わせ：「解答例」とある場合には、あくまで例として参照してください。音声マークがあるものは、口に出して練習しましょう。

⑤チャンクを追いながら聞く（Listeningのみ）：「TASK」が完了できなかった場合は、チャンク（意味を成す、複数の単語のかたまり）を目で追いながら、音声を聞きましょう。聞き取れたらチェックを入れます。「TASK」を完了した方も、内容の確認のために、チャンクを意識して改めて聞きましょう。

この本は、大きく、前半の Listening と後半の Reading に分かれ、それぞれ複数の Unit から成ります。学習を始める前に、1つの Unit の構成と学習手順について、しっかり確認しましょう。

⑧ Tips を活用する：表現の幅を広げたり、会話を膨らませたりする例文を取り上げています。コミュニケーションに活用しましょう。

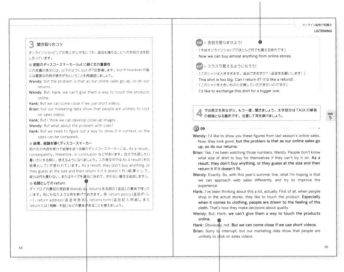

⑦「聞き方、読み方」のコツを読む：「TASK」を遂行するためのポイント、また、英文全体を聞き（読み）、理解するための語句や文法を解説しています。

⑨もう一度聞く（読む）：英文スクリプトと日本語訳も確認しながら、しっかり理解できているか改めて聞き（読み）ましょう。Reading ではスラッシュ・リーディング（p. 11 参照）で精読します。また仕上げに音声を使って、理解をさらに深めましょう。

⑩四択問題：聞いたり読んだりした内容について、2つの四択問題にトライ。できなかった場合には、もう一度、⑨の英文に戻りましょう。

⑪復習問題：英文全体のリピート、あるいは実際の会話の中で活用できるセンテンスの発話を練習します（復習問題がないUnitもあります）。

※英文に出てくる固有名詞や統計データを含むいかなる情報も、断りがない限り創作物です。

「読む力＋聞く力」UP のための 効果的な学習法

　ここでは、読む力と聞く力をつけるためによく用いられる学習法を解説しましょう。中には、書く力や話す力への派生効果があるものもあります。本書の Unit を学習した後に、同じ素材を使い、ご自分の英語のレベルや弱点に合わせて、以下の学習法でさらに発展的に学びましょう。

❶ 基本の読み方

1. スキミング (skimming)

　全体をざっと眺めて概要をとらえる読み方。記事の表題から、内容に見当をつけて読む場合などを指す。枝葉末節にこだわらず、5W1H（誰が、どこで、いつ、何を、なぜ、どのように）などのポイントを大づかみにする。「すくい読み、ざっくり読み」などとも言う。

2. スキャニング (scanning)

　必要な情報を手に入れるために目的を持って読むこと。例えば広告なら商品の値段、セールの期間、施設等の面会なら予約の時間、面会できる時間帯など。情報を適切に取捨選択し、いらない情報は除外しながら読み進めること。

3. ゲッシング (guessing)

　わからない単語を含む文に遭遇したとき、前後の文脈から単語の意味を推測し、文全体の大意をつかむこと。その場合、ディスコースマーカー（談話標識。文と文との論理的関係を示す接続詞・副詞［句］・前置詞［句］）が重要になる。

❷ スラッシュ・リーディング

　意味を持つ複数の単語の塊（チャンク）ごとにスラッシュを入れ、区切りながら英文を読むこと。文や節ではなく、意味の区切れで処理することで、日本語と英語の語順の違いを意識せず、速く読める。これを繰り返すことで、徐々に英語的思考が身に付き、リスニング力も向上する。

　なお、区切りとなるスラッシュを入れる箇所は、堅苦しく考えなくてよい。基本は以下のとおり。

①長い主語の後、②長い目的語の後、③関係代名詞の前、④不定詞の前後、⑤接続詞の前、⑥前置詞＋名詞の前後、⑦疑問詞の前、⑧場所や時間を表す副詞句の前後、⑨挿入句の前後。特に①〜③は基本。

　また、音声をスラッシュで区切って順々に理解していく、スラッシュ・リスニングという訓練法もある。

❸ パラグラフ・リーディング

パラグラフは「段落」のこと。段落ごとの要点を捉えながら、あるいは想像しながら読み進めること。次の段落に何が書いてあるかを素早く推測する力が付き、速く読めるようになる。時間をかけずに結論を知りたいときにも有効。ディスコースマーカーが重要な役割を果たす。

❹ シンクロ・リーディング

英語を聞くと同時にテキストを声に出して読むトレーニング方法。「聞き読み、オーバーラップ」とも言われる。音が流れるスピードで、返り読みができないため、英語を英語のまま理解する習慣が身に付く。

❺ シャドーイング

英語を聞きながら、聞こえたとおりの発音とスピードで再現するトレーニング法。英文を聞き終えてから繰り返す「リピート」とは異なり、シャドーイングは、聞こえてくる英文のすぐ後ろを影 (shadow) のように追いかける点が特徴。

繰り返し聞いて発音することで、英語独特のイントネーションやリズム、区切り方などを自然に身に付けることができる。「相手に伝わる英語の話し方」が身に付き、スピーキング力も向上する。

その他：ディクテーション

聞いた英語を、手で書き取る練習法。リスニング力が身に付くだけではなく、スペリングや発音、文を組み立てる力、単語や文法の力も身に付く。書き取った後に発音すれば、口も使うことになり、ディクテーションした文字を読むことで目も使うため、あらゆる方面から英語にアプローチできる。また、自分で書いた文章の間違いを見つける作業も含まれているため、英語の文章を分析する力も身に付く。時間のある人にはお薦めの勉強方法。

音声ダウンロードの方法

本書では、音声マーク (001) の付いた箇所の英文や会話文の音声が聞けます。以下の方法で、無料でダウンロードできます。本書の学習にお役立てください。

パソコンをご利用の場合

「アルク・ダウンロードセンター」 https://www.alc.co.jp/dl/ から音声がダウンロードできます。書籍名 (『4-in-ONE intermediate 中級』)、または商品コード (7020064) で本書の音声を検索してください。

スマートフォンをご利用の場合

アプリ「語学のオトモ ALCO」 https://www.alc.co.jp/alco/ をご利用ください。

※「語学のオトモ ALCO」のインストール方法は表紙カバー袖でご案内しています。書籍名 (『4-in-one intermediate 中級』) または商品コード (7020064) で検索してください。ALCO インストール済みの方は、以下の QR コードを利用すると便利です。

本サービスの内容は、予告なく変更する場合がございます。あらかじめご了承ください。

Listening を鍛える！

Chapter 1
聞いた情報を相手に伝える　基礎編

ここでは、以下のようなダイアログ（2名、あるいは3名のやりとり）を素材に学習します。人数が多くて、どの発言が誰のものか把握するのが難しい場合もありますが、反面、会話を受ける側が投げ掛ける質問に注意していれば、話の道筋がつかみやすいという特徴もあります。さあ、ご一緒に学びましょう！

Unit 1　飛行機と電車、どっちで行く？
〈交通・環境／親子の会話〉

Unit 2　修繕工事の打ち合わせ
〈工事／会議〉

Unit 3　大学の進路相談
〈学校教育／カウンセリング〉

Unit 4　初めての MRI 検査
〈医療／患者と医師の会話〉

Unit 5　オンライン販売の問題点
〈ビジネス／会議〉

Unit 6　新薬の開発の歴史
〈科学／インタビュー〉

🎧 01-02 　　　　　　　　　　　　　　　　　**LISTENING**

| 難易度 ●●●●●● 1 | 313語（普通の長さ） | 交通・環境／親子の会話 | 🇺🇸 男女 |

TASK

1 ジョンは、祖父母の家を訪ねる交通手段について、母親と話し合いました。その内容を父親に説明します。　　　　　　[学習目標時間 20分]

● 音声を聞いて、下の語群内の単語の中からカッコを埋め、父親との会話を完成しましょう。次ページの「単語のヘルプ」も参照しましょう（解答は p. 18）。

🎧 **01** ....●

Dad, I talked with Mom about what means of (　　　　) we could use to visit grandparents' house. It takes about four hours to (　　　) to Minneapolis. We have to go to the airport by car and go through (　　　　). When we arrive in Minneapolis, we have to (　　　　) from the airport to Grandma and Grandpa's house. (　　　　), it takes (　　　　) hours to get there. Going there by plane is way (　　　) for the (　　　　) than going by train.

　Traveling by air is (　　　　) worse than by car. It takes almost (　　　) days to get there by train, so we would have to spend (　　　　) days traveling if we did it that way. We only have (　　　　) days to visit, so taking the train means we could only spend three days with Grandma and Grandpa.

　Mom said, "I wish we (　　) take the train, but it isn't (　　　　)." Passenger trains are slow so they're not (　　　　) in the U.S. Mom says if we had (　　　) trains, (　　　) people would take them. I'm going to write a letter to (　　　　) to ask for better trains.

● 語群

[fly / practical / Congress / faster / drive / two / worse / transportation / environment / eight / even / popular / four / more / seven / could / altogether / security]

単語のヘルプ

security 保安検査場、セキュリティ

Minneapolis ミネアポリス ＊アメリカ中西部ミネソタ州の都市

flight itself フライトそれ自体

travel calculator 旅行電卓

way はるかに

environment 環境

be proud of 〜 〜を誇りに思う

honestly 正直に

mind 〜 〜を気にする

2 以下のチャンクに気を付けながら、もう一度、音声を聞きましょう。聞き取れたら□にチェックを入れましょう。

🎧 **01** ....●

☐ drive to the airport 空港まで車で行く

☐ go through security セキュリティを通る

☐ get to Minneapolis ミネアポリスに到着する

☐ four-hour trip by airplane 飛行機で4時間の旅

☐ way worse for the environment ずっと環境に悪い

☐ Is that what this is all about? それがこの(質問)全ての理由なのですか?

☐ for being responsible about the environment 環境に責任を感じていること

Dad, I talked with Mom about what means of (transportation) we could use to visit grandparents' house. It takes about four hours to (fly) to Minneapolis. We have to go to the airport by car and go through (security). When we arrive in Minneapolis, we have to (drive) from the airport to Grandma and Grandpa's house. (Altogether), it takes (eight) hours to get there. Going there by plane is way (worse) for the (environment) than going by train.

Traveling by air is (even) worse than by car. It takes almost (two) days to get there by train, so we would have to spend (four) days traveling if we did it that way. We only have (seven) days to visit, so taking the train means we could only spend three days with Grandma and Grandpa.

Mom said, "I wish we (could) take the train, but it isn't (practical)." Passenger trains are slow so they're not (popular) in the U.S. Mom says if we had (faster) trains, (more) people would take them. I'm going to write a letter to (Congress) to ask for better trains.

(日本語訳)

ねえお父さん、お母さんとおじいちゃんおばあちゃんの家に行く交通手段について話したんだ。ミネアポリスまで飛行機で約4時間かかるでしょ。空港まで車で行って、セキュリティを通らないといけないからね。ミネアポリスに到着したら、空港からおじいちゃんおばあちゃんの家まで車で行かなきゃいけない。到着まで全部で8時間かかるんだ。飛行機でミネアポリスへ行くのは電車の移動よりもずっと環境に悪いんだ。

飛行機旅行は車での旅行よりもずっと悪い。電車では到着するのに約2日間かかるから、僕たちはそういう風に移動すると4日使わなきゃいけないんだ。訪問日数はたった7日間だから、おじいちゃんとおばあちゃんと過ごせるのは3日だけだよ。

お母さんは「電車で行けたらなあ。だけど現実的ではないわ」と言ってたよ。旅客電車はとてもゆっくりだからアメリカではあまり人気がないんだね。お母さんは、もっと速い電車があればもっとたくさんの人が電車に乗るのにって言ってた。もっといい電車を走らせてくださいって、議会に手紙を書くつもりなんだ。

答え合わせの後で、音声を聞き、一文ずつ止めて声に出して読んでみましょう。

 02

Unit
1

3 聞き取りのコツ

● 比較級を聞き取ろう!

祖父母の家に行く交通手段を、飛行機と電車を例に比べています。本書の他の Unit にもありますが、こうした何かと何かを比べる問題は、よく資格試験に出題されます。会話中では、even worse、faster、more、better などの比較の単語が登場しています。1音節の形容詞の比較には、-er が付きますが、2音節の形容詞の大部分と3音節の以上の比較級は more + 原級です。例:Kathy is more active than her younger sister.(キャシーは妹より活動的です)

また、比較級を強調する場合は much / far / even / a lot を前に付けます。本文中にも even worse が出ています。例えば「より良い」と言いたい場合には、more better ではなく、much better となります。例文を挙げておきましょう。例:The climate of Hawaii is much milder than that of Japan(ハワイの気候は日本の気候よりずっと穏やかです)

● 仮定法に慣れる

会話中でお母さんが I wish I could take the train,(電車で行けたら [いいのに] と思う)と言っています。この「主語+ wish + could +動詞の原形」は、現在の事実に反することを述べる場合に使います。「主語+ wish + could + have +過去分詞」は、過去の事実に反することを述べる時に使います。つまり「電車で行けていたらなぁ」と言いたい場合には、I wish I could have taken the train. となります。

● 否定的な意見に同意する I guess not.

I guess not. は否定的な意見に対して、不確かだが賛同する表現です。イギリス英語では、I suppose not. と言う場合が多いようです。例を挙げましょう。

A: Nancy called in sick. She has got the flu. She won't be able to come to work for at least three days.(ナンシーは病欠の電話を入れてきました。インフルエンザだそうです。少なくとも3日間は出勤できません)

B: I guess not. I hope she gets better soon.(そうでしょうね [=私も彼女は3日間は出勤できないと思います]。早く良くなるといいですね)

 ▶ **話題を広げて話そう!**

海外からのお客さまに、日本の公共交通について聞かれたら、
The public transportation system in Japan is highly developed.(日本の公共の輸送機関は高度に発達しています)などと説明できますね。

01

John: Mom, how long is the flight to Grandma and Grandpa's house? **Is it eight hours?** We always leave in the morning, and we don't arrive until dinnertime.

John's Mother: Well, yes, but that's because we have to drive to the airport and **go through security.** Then, when we get to Minneapolis, **we have to rent a car to drive to** Grandma and Grandpa's. **The flight itself is only about four hours.**

John: Oh, right. So, I found this travel calculator. And it says that **a four-hour trip by airplane is way worse for the environment than taking the train.** It's even **worse than driving!** Why don't we take the train?

Mother: Is that what this is all about? Honey, I'm very proud of you for being responsible about the environment. And, honestly, I wish we could take the train, but **it just isn't practical.** We only have seven days to visit, and the train journey is really slow. **It takes almost two days just to get there.** We would have to sleep in our seats.

John: I don't mind! That would be fun!

Mother: Maybe for you. But, honey, if the train takes two days, that means we would have to **spend four days traveling** and then we would only **have three days with your grandparents.** That doesn't seem fair to them, does it?

John: I guess not. Why is the train so slow? I just want to help the environment, and planes are so bad.

Mother: I know, honey. Unfortunately, passenger trains just **aren't very popular** in the U.S. **If we had faster trains, maybe more people would take them.**

John: We should write to the president and ask for better trains.

Mother: Well, I'm not sure it's the president we need to write to. But if it makes you feel better, I can help you **write a letter to Congress.**

（ 日本語訳 ）

ジョン：お母さん、おじいちゃんとおばあちゃんの家までのフライトは何時間？　8時間？　いつも朝に出発して、夕食の時間帯まで到着しないよね。

ジョンの母親：そうね、その通りよ、だけどそれは、空港まで車で行ってセキュリティを通らなければならないからなの。それから、ミネアポリスに到着したら、おじいちゃんとおばあちゃんのお家に行くのにレンタカーを借りないといけないでしょ。フライト自体はたったの4時間なの。

ジョン：あー、そうか。それで僕、旅行電卓を見つけたんだ。そこには4時間の飛行機旅行は電車に乗るよりもずっと環境に悪いと書かれてた。車で行くよりもっと悪いんだよ！　電車で行くのはどうかな？

母：それでこんな質問をしてるってわけなの？　あなたが環境に責任を感じているのは誇らしいわ。それでね、正直なところ、電車で行けたらなっと思うんだけど、現実的ではないの。訪問日数はわずか7日間だし、電車での旅行は本当にゆっくりなの。到着するだけで2日近くかかってしまうわ。電車の席で眠らなければならないし。

ジョン：そんなの気にならないよ！　面白そうだ！

母：あなたにとっては楽しいかも。だけどね、電車で2日かかるということは移動に4日かけなければならないってことで、おじいちゃんとおばあちゃんとは3日間しか過ごせないことになるの。それって、おじいちゃんやおばあちゃんにとって良くないでしょ？

ジョン：そうだね。なぜ、電車はそんなにゆっくりなの？　僕はただ環境を保護したいだけなんだよ、飛行機旅行は本当に環境に悪いから。

母：わかるわ。残念だけど旅客列車は合衆国ではあまり人気がないの。速い電車があるなら、おそらくもっと多くの人が電車に乗ると思うわ。

ジョン：大統領に手紙を書いて、もっといい電車をお願いしないといけないね。

母：そうね。手紙を送るべき人が大統領かどうかはわからないわ。だけど、それであなたの気持ちがすむのなら、議会に手紙を書くお手伝いはするわ。

5 会話の内容について下記の設問に答えましょう。解答と解説、翻訳は下にあります。

Q1 What is true about the conversation?
(A) It takes two hours to get to Minneapolis by train.
(B) It takes eight hours to get to Minneapolis by plane.
(C) John is an environmentally conscious person.
(D) The grandparents would be happy if their relatives come by train.

Q2 What will John probably do next?
(A) Speak to an environmentalist.
(B) Write a letter to the president.
(C) Go to his grandparents' house.
(D) Write a letter to Congress.

解答と解説

Q1 解答 C
会話について真実は何ですか？
(A) ミネアポリスに電車で行くには2時間かかる。
(B) ミネアポリスに飛行機で行くには8時間かかる。
(C) ジョンは環境意識を持った人である。
(D) 祖父母は親族が電車で来てくれたら嬉しい。

解説 ジョンの2度目の発言で、飛行機が環境にとても悪い (way worse for the environment) があり、続く母の2度目の発言でも I'm very proud of you for being responsible about the environment. とジョンに話しているので、正解は (C)。environmentally friendly という言い方も覚えましょう。

Q2 解答 D
ジョンは次にたぶん何をするでしょうか？
(A) 環境保護家と話をする。
(B) 大統領に手紙を書く。
(C) 祖父母の家に行く。
(D) 議会に手紙を書く。

解説 次にすることは、だいたい最後の方に書いてあります。母が最後に I can help you write a letter to Congress. と言っているので、正解は (D)。

03-04　　　　　　　　　　　　　　　　　**LISTENING**

| 難易度 ●●●○○○ 3 | 304語（普通の長さ） | 工事／会議 | 男 🇺🇸 女 🇬🇧 男 |

Unit 2

TASK

1 あなたは不動産会社に勤務しています。会議中にジョアンが作った議事録を、英語があまりできない杉田部長のために日本語にしましょう。

[学習目標時間 30分]

● 音声を聞いて、以下の議事録を埋めましょう。音声は繰り返し聞いてかまいません。次ページの「単語のヘルプ」も参考にしてください（解答例は p. 25）。

🎧 **03** ....

杉田部長
本日の会議の議事録です。よろしくお願いいたします。

＊＊＊＊＊＊＊＊＊＊＊＊＊＊＊＊＊＊＊＊＊＊＊＊＊＊＊＊＊＊＊＊

出席者：＿＿＿＿＿＿＿（司会）、ベン、ジョアン（書記）、＿＿＿＿＿＿＿（欠席）

議題：リッチモンド通りの不動産物件の＿＿＿＿＿＿＿＿＿＿＿＿＿＿＿＿（6月7日開始）
・最終提案＝エンジニアの OK を得ている。
・予算＝＿＿＿＿＿＿＿＿＿＿＿＿＿＿＿＿＿＿＿＿

確認事項：
・アパートの最上階から＿＿＿＿＿＿＿＿＿＿＿＿＿＿＿＿させる。

今後のアクション：
＿＿＿＿＿＿＿＿＿＿＿＿＿＿＿＿＿＿を探す

単語のヘルプ

text　携帯でメールを送る	make it　来る、間に合う
carry on　進める	property　不動産物件
final proposal　最終提案	budget　予算
assume〜　〜を思う	leak　雨漏り
ceiling　天井	construction crew　建設作業員
tear out〜　〜を取り外す	temporary housing　仮の住まい
be set up　建設される、準備される	be sorted out　解決される
moving company　引っ越し会社	

2 以下のチャンクに気を付けながら、もう一度、音声を聞きましょう。聞き取れたら□にチェックを入れましょう。

🎧 03 ⋯⋯⋯⋯⋯⋯⋯⋯⋯⋯⋯⋯⋯⋯⋯⋯⋯⋯⋯⋯⋯⋯⋯⋯⋯⋯⋯⋯●

- ☐ get this meeting started　この会議をスタートする
- ☐ won't be able to make it　出席できないだろう
- ☐ in that case　その場合
- ☐ it's my turn　私の番
- ☐ start us off　始める
- ☐ sent us their final proposal　彼らの最終提案を送ってきた
- ☐ I had an engineer look at it,　それをエンジニアに見てもらった
- ☐ within the budget we asked for　私たちが要求した予算内で
- ☐ write to him later and ask　後で彼にメールで聞く
- ☐ just to be safe　念のため
- ☐ moving everyone out of the top-floor apartments　皆をアパートの最上階から移動させる
- ☐ tear out the entire roof　屋根全体を取り外す
- ☐ asked for assistance with moving their belongings　彼らの家財を動かす援助を求めた

TASK の解答例 （このような内容が書けていれば OK です）

出席者： ___コリン___ （司会）、ベン、ジョアン（書記）、___ポール___ （欠席）

議題：リッチモンド通りの不動産物件の ___屋根の改修工事について___ （6月7日開始）
・最終提案＝エンジニアの OK を得ている。
・予算＝ ___ポールの部署の担当___

確認事項：
・アパートの最上階から ___1カ月、住人を退去___ させる。

今後のアクション：
___家財を動かすための引っ越し業者___ を探す

議事録は
埋められたかな？

3 聞き取りのコツ

● 登場人物を把握する

人物の名前が増えると、誰が誰を指すのかわからなくなり、筋が追えなくなる、という人も多いかもしれません。英語では、この会議のやりとりのように、文中で相手の名前を呼び掛けることが多いので、そこをヒントに聞き取りましょう。また、Web会議では、発言者がまず自分の名前を名乗るというケースもよくあります。

● 一番重要な情報は議題

TASKで必ず埋めなければならないのは議題です。ベンの2番目のセリフの the renovations to the roof of our Richmond Road property (リッチモンド通りの不動産物件の屋根の改修工事) を聞き逃さないように。

● 議事録の書き方

この三者のやりとりは、会議というよりも、打ち合わせ程度のカジュアルなものでした。議事録はTASKにあるように、あらかじめフォーマットを用意しておくと書きやすくなります。表組みにする必要はなく、ただのテキストでも、見出しだけを挙げておくのでもよいのです。また、常に5W1Hに気をつけることも重要です。

● be going to と will の違い

"be going to" は 既に計画していたことについて話す場合に、"will" はその場で決めたことについて話す場合に使われます。

　例えば、ベンの2つ目のセリフの、... the renovations to the roof of our Richmond Road property are going to begin on June 7. (リッチモンド通りの不動産物件の屋根の改修工事が6月7日に始まります) は、既に決まっていたことを述べているのでbe going to が使われています。willは、コリンの5つ目のセリフのI'll write to him later and ask. (後で彼にメールで聞いてみます) のように、今決めたことについて述べる時によく使われます。

● 単語と表現のポイント

1. construction crew のcrewは乗組員だけでなく「班」の意味も持ちます。
   例：production crew (製作班)、film crew (撮影班)
2. sort out は「選り分ける・整理する・解決する」の意味で使われることが多いですが、ここでは「何かをきちんと手配する」を意味します。これは話し言葉でよく使われ、arrangeと同じ意味と考えるとよいでしょう。
3. コリンの最後のセリフのmoving their belongings (家財を移動させる) とmoving company (引っ越し会社) の2つのmovingの違いを区別しましょう。

Unit
2

> **Tip** ▶ 会話を膨らませよう!

final proposal も認められ、予算さえ確認できれば修繕工事は順調に進められそうですね。会議でよく出てくる、「これは単なるたたき台です」は、英語で何と言うのでしょうか?　これは This is just a draft. となり、draft とは「草案」のことです。draft の提出者がこう言うと、会議参加者は議論しやすくなりますが、draft を提出した人に対して他の参加者がこれを言うと失礼に当たるので、気をつけましょう。

🎧 03 ....•

Colin: Hi, everyone. **I'm hoping to get this meeting started as soon as possible.** Does anyone know when Paul is going to arrive? He's usually the first one here.

Ben: Oh, **Paul texted me just a few minutes ago, and he said he won't be able to make it.** I think it's a family emergency.

Colin: Oh, I see. I hope it's nothing too serious. Well, in that case, we can carry on without him. Joanne, are you going to take notes?

Joanne: Yes, I think it's my turn.

Colin: Great. Ben, why don't you start us off?

Ben: Thanks, Colin. So, first, **the renovations to the roof of our Richmond Road property** are going to begin on June 7. We need to make sure everything is ready.

Colin: The construction company sent us their final proposal last week. I had an engineer look at it, and she thinks the plans are good.

Joanne: And what about the budget? Can they do it within the budget we asked for?

Colin: Well, unfortunately, **that's Paul's department**, so I'll write to him later and ask. Did he say anything to you about it, Ben?

Ben: No, he didn't. But I assume that means everything is OK.

Colin: Well, just to be safe, we need to find out for sure. Projects like this almost always go over budget.

Joanne: By the way, are we still **moving everyone out of the top-floor apartments for a month**?

Ben: We have to. The roof leaks have damaged some of the apartments' ceilings. The construction crew has to tear out the entire roof.

Joanne: And some temporary housing is being set up for them?

Colin: Yes, that's all sorted out. However, they **asked for assistance with moving their belongings**, so we still need to **find a moving company** that can help.

（　日本語訳　）

コリン：皆さん、こんにちは。できるだけ早く会議を始めたいと思います。ポールがいつ到着するか、どなたか、ご存じですか？　彼はいつもなら一番に到着するのですが。

　ベン：ええと、ポールは数分前に携帯にメールをしてきて、出席できないだろうとのことです。ご家族の急用だと思います。

コリン：ああ、なるほど。そんなに深刻なことではないといいのですが。そうですね、それなら、彼抜きで会議を進めます。ジョアン、記録を取ってくれますか？

ジョアン：はい、今回は私の番だと思います。

コリン：ありがとう。ベン、あなたから始めてくれませんか？

　ベス：ありがとう、コリン。それでは、まず初めに、リッチモンド通りの不動産物件の屋根の改修工事が6月7日に始まります。全てが準備できていることを確認しなければなりません。

コリン：建設会社が先週、最終提案を送ってきました。エンジニアに見てもらいましたが、彼女はこれらのプランで良いとのことです。

ジョアン：それでは、予算はいかがですか？　私たちが要求した予算内でやってもらえますか？

コリン：そうですね、残念ながらそれはポールの部署の担当ですので、あとでポールにメールで聞いてみます。ベン、彼は何か言ってましたか？

　ベン：いいえ、何も。ですが、それは全てOKだということだと思います。

コリン：そうですね、念のために、確実なところを知る必要があります。このようなプロジェクトはほとんどいつも予算がオーバーするので。

ジョアン：ところで、やはりアパートの最上階から全員を1カ月間、移動させるのですか？

　ベン：その必要があります。屋根からの雨漏りはいくつかの住戸の天井に損傷を与えましたから。建設作業員は屋根全体を取り外さなければなりません。

ジョアン：それで、仮設住宅は住民のためにいくつか準備中ですか？

コリン：はい、それは全て解決しています。ですが住民たちは、家財を移動させる援助を求めていますので、そのための引っ越し会社を探す必要がまだあります。

Unit
2

5 会議の内容について下記の設問に答えましょう。解答と解説、翻訳はページの下にあります。

Q1 What does "that's all sorted out." mean?
(A) Temporary houses have been set up.
(B) Temporary houses are being chosen right now.
(C) Temporary houses have been torn down.
(D) Temporary house are being investigated.

Q2 What will they the meeting participants probably do next?
(A) Go to Richmond Road property.
(B) Find a mover.
(C) Tear out the building.
(D) Build a shelter.

解答と解説

Q1 正解 A
"that's all sorted out." は何を意味しますか?
(A) 仮設住宅が準備されている。
(B) 仮説住宅が現在選ばれている。
(C) 仮説住宅が取り壊された。
(D) 仮説住宅が調査中である。

解説 "that's all sorted out." の意味が問われています。最後のジョアンの And some temporary housing is being set up for them?（仮設住宅は住民のためにいくつか準備中ですか?）という質問に対して、コリンが Yes, that's all sorted out. と答えています。この意味がわからなくても、次に続くセリフで引っ越しの話が出ているので、仮設住宅が準備できていることがわかり、正解は (A) です。

Q2 正解 B
会議参加者たちは、次に何をしますか?
(A) リッチモンド通りの不動産物件に行く。
(B) 引っ越し業者を探し出す。
(C) 建物を取り壊す。
(D) 避難所を建設する。

解説 次にすることは、最後の方から正解が出せることがよくあります。コリンが最後に we still need to find a moving company that can help. と述べています。よって引っ越し会社を探すので正解は (B)。mover は moving company のことです。

6 最後に、ダイアログの中から、以下の文を口に出して読んでみましょう。

 04 ···

1. I'm hoping to get this meeting started as soon as possible.
（できるだけ早く会議を始めたいと思います）

2. Paul texted me just a few minutes ago, and he said he won't be able to make it.（ポールは数分前に携帯にメールをしてきて、出席できないだろうとのことです）

3. Ben, why don't you start us off?（ベン、あなたから始めてくれませんか？）

4. Can they do it within the budget we asked for?（私たちが要求した予算内でやってもらえますか？）

5. Well, just to be safe, we need to find out for sure.（念のために、確実なところを知る必要があります）

🎧 05-06

LISTENING

| 難易度 ●●●●●4 | 458語（やや長め） | 学校教育／カウンセリング | 🇺🇸 女 　🇬🇧 男 |

TASK

1 イギリスの大学に通っているあなたは、専攻学部についてカウンセリングを受けます。やりとりをよく聞き、カウンセリングへのお礼と、自分が決定したことについて伝えるメールをカウンセラーに書いてみましょう。

[学習目標時間 30分]

● 音声を聞いた後に、①～⑦の要素を盛り込んで、次ページの枠内にお礼メールを書きましょう。「単語のヘルプ」も適宜、参照してください（模範解答例は p. 34）。

🎧 05 ⋯⋯⋯⋯⋯⋯⋯⋯⋯⋯⋯⋯⋯⋯⋯⋯⋯⋯⋯⋯⋯⋯⋯⋯⋯⋯⋯⋯⋯⋯⋯⋯⋯⋯•

① カウンセリングへのお礼

② 哲学と経済の複合学部に変更することにした、という報告。
　➡ combined program in philosophy and economics を使って

③ あなた（カウンセラー）と話す前は、哲学を勉強することは役に立たないと思っていた。
　➡ useless を使って

④ 哲学科の卒業生がそれほど広い分野に就職しているとは知らなった。
　➡ have gone into a wide variety of fields を使って

⑤ とはいえ、この不景気の時代に経済学を勉強することも大切だ。
　➡ recession time を使って

⑥ 新しい学部で一生懸命勉強し、大学生活を楽しむという宣言。
　➡ enjoy my school life を使って

⑦ 改めてアドバイスへのお礼。

① Thank you very much [   ].

② I've decided to [

                    ].

③ Before I talked with you, [

                    ].

④ I did not know that [

                    ].

⑤ However, I think [

                    ].

⑥ I'm going to [

                    ].

⑦ [   ].

Unit
3

単語のヘルプ

major　専攻　　　　　　　　　　career option　進路、職業の選択肢

take in ～　～を理解する　　　　enroll in ～　～に入学する

put oneself on the wrong track　間違った方向に進む

meet the demands　要求に応える

available　空いている

sense ～　～と感じる

philosopher　哲学者

Westminster City Council　ウェストミンスター市議会

physics lab　物理研究室

flexible　柔軟性のある

combined program　合同プログラム、複数学位取得プログラム

real-world connection　現実社会とのつながり

loads　負荷

🎧 **05**

☐ enrolled in the philosophy department 哲学部に入学した

☐ any options open to me 私に開ける選択肢

☐ taking courses outside of your department あなたの学部以外の科目を受講すること

☐ to change to science or business, or something like that 理系学部かビジネスか、あるいはそのようなものに変えること

☐ as though you are applying again 改めて大学入試に出願するようなもの

☐ what I would recommend 私がお勧めするのは

☐ changing to a combined program in philosophy and economics 哲学と経済学を組み合わせたプログラムに変更すること

☐ the real-world connection you're looking for あなたが求めている現実社会とのつながり

TASK の模範解答例 （だいたいこのような英文が書けていればOKです）

① Thank you very much for the counselling.

② I've decided to change to a combined program in philosophy and economics.

③ Before I talked with you, I had thought studying philosophy was useless.

④ I did not know that students from our philosophy department have gone into a wide variety of fields.

⑤ However, I think studying economics is important, too, in this recession time.

⑥ I'm going to study in the new program very hard and enjoy my school life.

⑦ Thank you very much for giving me good advice.

3 聞き取りのコツ・書き方のコツ

● お礼メールの書き方

大学生の学部の変更は難しいようですが、最近では複数学位取得プログラムに変更する学部が多いそうです。まずはお礼メールの書き方を確認しておきましょう。全体の構成を考えてから書き始めると、すっきりとわかりやすいメールが書けます。TASKは、以下のように組み立てられています。

①カウンセリングのお礼

②自分の決定を伝える

③④決定において、相手のアドバイスが有益だったことに触れる

⑤決定に至った理由を述べる

⑥今後の抱負を述べる

⑦再びお礼を伝える

● The＋比較級についてよく知ろう

ダイアログの中には、下の形で比較級が登場します。

However, the longer you wait, the fewer choices you'll have.

(しかし、長く待つほど、選択肢は少なくなるでしょう)

But the further I go, the more I worry about the future.

(でも、先に行けば行くほど、将来のことが心配になります)

　自分でも使えるようになっておくといいですね。その他の例も挙げておきます。

例：The longer I stayed in London, the more I liked it. (ロンドンにいればいるほど、ここが好きになりました)

● 迷いの気持ちを表す or something の使い方

会話の中ほどで、So it's possible to change to science or business, or something like that? (理系学部かビジネスか、あるいはそのようなものに変えることは可能ですか?)と質問しています。something は「何か」の意味を持ちます。何に専攻を変更するかは断定していないところに、話者の迷いが表われています。or something とすると「か何かそのようなもの」の意味になり、口語でよく使います。　例：She is a doctor or something, but I don't know. (彼女は医者か何かですが、私は知りません) ／ I want to see a musical or something. (私はミュージカルか何かが見たい)

▶ 話題を広げて話そう!

現在、全世界的に、大学でのHumanities（人文学科。言語、歴史、社会学、哲学などを含む）が軽視される傾向にあります。外国語を学ぶ立場から、言語を学ぶ重要性について話せるようになっておくといいですね。例えばこのように。

日本語：私たちはグローバルな世界に住んでいます。異なる多くの人々から学び、さまざまな文化を理解するために語学を勉強する必要があります。言語を学ぶことで物の見方を広めることもできます。

英語：We live in the global world. We need to study languages so that we can learn from many different people and understand various cultures. We can also expand our views by studying languages.

---

4 では英文を見ながら、もう一度、聞きましょう。太字線部分は、TASKの解答の根拠となる箇所です。注意して耳を傾けましょう。

 05

Counsellor: So, from your email, I understand that you would like to talk about your major and your career options.

You: I suppose so. Honestly, I'm not sure about any of it right now.

Counsellor: It can all be a great deal to take in during your first year.

You: So, first of all, I enrolled in the philosophy department. It's not exactly that I regret having done it, but I just want to know if I have any options open to me.

Counsellor: That depends on what you mean by options, I suppose. Are you talking about taking courses outside of your department?

You: Well, no. I'm talking about changing my department. I'm starting to worry that I've put myself on the wrong track.

Counsellor: I see. Well, the good news is that you're asking this question at the right time. A few students do change their course of study after their first year. However, the longer you wait, the fewer choices you'll have.

You: So it's possible to change to science or business, or something like that?

Counsellor: Well, that all depends. Your grades will have to be excellent. You'll have to meet the demands of the new department. Basically, it will be as though you are applying again. The new department will decide whether you are suitable, and whether or not they have space available for you.

You: I see.

Counsellor: When you say, "science or business or something," I sense that this is not a clear plan. Has there been a problem with your classes?

You: Not at all. I'm honestly enjoying them. But the further I go, the more I worry about the future. I mean, no one is going to pay me to be a philosopher. It all seems a bit useless.

Counsellor: I believe your philosophy professors might disagree.

You: Well, yes. The only job I can see open to me right now is philosophy professor.

Counsellor: I think you might be surprised, actually. **Students from our philosophy department have gone into a wide variety of fields.** I know of one that's in Westminster City Council. And one other that's working for a physics lab.

You: OK. I wouldn't have expected that.

Counsellor: I think you'll find that it is a more flexible program than you might think. But if you are still concerned, what I would recommend is that you look at the department's combined programs. **Changing to a combined program in philosophy and economics**, for example, might give you the real-world connection you're looking for. And it's somewhat easier than changing departments.

You: OK, right. You've given me loads to think about. I'll take a few days and think it over. But, honestly, I feel better about everything, already.

（　日本語訳　）

カウンセラー：メールを拝見しましたが、ご自身の専攻と進路についてのご相談ということですね。

あなた：そうだと思います。正直なところ、今のところ何もわからないのです。

　　カ：1年目に全てを理解するのは大変ですからね。

あなた：まず哲学部に入学しました。そのことに関しては後悔しているわけではありませんが、自分に選択肢があるかどうかを知りたいだけです。

　　カ：それは、選択肢の意味によりますね。学部以外の科目を受講するということですか？

あなた：いいえ、違うんです。学部を変えることについて言っているんです。自分が間違った方向に進んでいるのではないかと心配になってきたんです。

カ：そうですか。幸いなことに、あなたはいいタイミングでこの質問をされています。1年生が終わって進路を変える学生もいます。しかし、長く待つほど、選択肢は少なくなるでしょう。

あなた：では、理系学部かビジネスか、あるいはそのようなものに変えることは可能ですか？

カ：そうですね、それは場合によります。成績は優秀でなければなりません。新しい学部の要求に応えられなければなりません。基本的には、改めて大学入試に出願するようなものです。新しい学部では、あなたが適しているかどうか、あなたが転部する空きがあるかどうかを判断します。

あなた：なるほど。

カ：「理系かビジネスか何か」とおっしゃると、明確な計画ではないように感じます。授業で何か問題がありましたか。

あなた：そんなことはありません。本当に楽しんでいます。でも、先に行けば行くほど将来のことが心配になります。誰も私に哲学者になるためにお金を払ってはくれません。全てがちょっと無駄なことに思われるのです。

カ：あなたの哲学の教授は、あなたのそのような考えに反対するかもしれませんが。

あなた：そうですね。今の私に開ける唯一の職は、哲学科の教授です。

カ：驚くかもしれませんが、わが校の哲学科の学生は、幅広い分野に進んでいます。ウェストミンスター市議会で働く者を知っています。そして物理研究室で働く者もいます。

あなた：そうですか。意外でしたね。

カ：あなたが思っている以上に柔軟なプログラムだとわかると思います。しかし、それでも心配であれば、私がお勧めするのは、合同プログラムを見ることです。例えば、哲学と経済学を組み合わせたプログラムに変更すると、あなたが求めている現実社会とのつながりが得られるかもしれません。また、学部を変更するよりも簡単です。

あなた：わかりました。考えなければならないことが山ほどあります。二、三日考えてみます。でも正直なところ、全てのことについて、もう気分が楽になったようです。

5 ダイアログの内容について下記の設問に答えましょう。解答と解説、翻訳はこの下にあります。

Q1 What is true about "you" (the student)?
(A) You are a sophomore in college.
(B) You wanted to major in economics.
(C) You are a freshman in college.
(D) You know what you want to do in the future.

Q2 According to the dialogue, what is true about changing to the science or business department?
(A) Majoring in mathematics is required.
(B) The student's grades must be excellent.
(C) An extra tuition fee is required.
(D) A recommendation letter from the professor is necessary.

解答と解説

Q1 正解 C
「あなた」(学生) に関して、真実は何ですか?
(A) あなたは大学の2年生である。
(B) あなたは経済学を専攻したかった。
(C) あなたは大学の1年生である。
(D) あなたは将来何がやりたいか、よくわかっている。

解説 大学の1年生は first year または freshman、2年生は sophomore と言います。カウンセラーが4番目のセリフで Well, the good news is that you're asking this question at the right time. A few students do change their course of study after their first year. (いいタイミングこの質問をされています。1年生が終わって進路を変える学生もいます) と話しています。つまり「あなた」は、現在1年生であることを意味し、正解は (C) です。

Q2 正解 B
ダイアログによれば、理系学部やビジネスへ変わることについて何が真実ですか?
(A) 数学を専攻することが求められる。
(B) 生徒の成績は優秀でなければならない。
(C) 追加の授業料が求められる。
(D) 教授からの推薦状が必要である。

解説 中ほどで学生が So it's possible to change to science or business, or something like that?（理系学部かビジネスか、あるいはそのようなものに変えることは可能ですか?）と質問しているのに対して、カウンセラーが Your grades will have to be excellent.（成績は優秀でなければなりません）と答えています。この Your が、選択肢では the student's に言い換えられており、正解は (B) です。

 最後に、ダイアログの中から、以下の文を口に出して読んでみましょう。

 06

1. I'm talking about changing my department.
（学部を変えることについて言っているんです）

2. ... the longer you wait, the fewer choices you'll have.
（長く待つほど、選択肢は少なくなるでしょう）

3. The only job I can see open to me right now is philosophy professor.
（今の私に開ける唯一の職は、哲学科の教授です）

4. Students from our philosophy department have gone into a wide variety of fields.
（わが校の哲学科の学生は、幅広い分野に進んでいます）

5. Changing to a combined program in philosophy and economics might give you the real-world connection you're looking for.
（哲学と経済学を組み合わせたプログラムに変更すると、あなたが求めている現実社会とのつながりが得られるかもしれません）

よくがんばりました!

🎧 07-08　　　　　　　　　　　　　　　　　　　**LISTENING**

難易度 ●●●●● 4　　600語（長い）　医療／患者と医師の会話　🇺🇸 男女

TASK

1 あなたは病院で医師からMRI検査の手順について説明を受けました。MRI検査を受けるべきか迷っている友人から、検査の手順を問われているので説明しましょう。　　[学習目標時間 30分]

● 音声を聞いて、下の語群から適切なものを選び、MRIの手順と注意事項をまとめてみましょう。次ページの「単語のヘルプ」も適宜、参照してください（解答はp. 43）。

Unit 4

🎧 **07** ────────────────────────────●

● 手順

1. You'll have to change into a hospital gown and (　　　　) all of your jewelry.

2. Next you will (　　　　) on a bed that slides into the machine.

3. The nurse will (　　　　) a cannula into the back of your hand for the contrast liquid.

4. Then a contrast liquid will be put into your (　　　　). It will help get a clearer (　　　　).

5. You'll probably feel a warm sensation in your (　　　) and legs

6. The MRI test itself will take about (　　　) minutes.

7. You will make an appointment to receive the (　　　　) of the MRI.

● 注意事項

① If you have any (　　　) in your body, the magnets can damage the tissue around it.

② If you feel afraid or uncomfortable, just push the (　　　　) in your hand.

③ You must not move your (　　　) or back.

┌───┐
● 語群　　insert / head / image / button / lie / chest / results / metal / blood / remove / 20
└───┘

単語のヘルプ

MRI　磁気共鳴映像法　※ magnetic resonance imaging の頭文字語。
X-ray　レントゲン
surgery　外科手術
tissue　組織
cannula　カニューラ（ビニールの管に連結している針）
contrast liquid　造影剤
vein　静脈
warm sensation　温かい感覚
if anything　どちらかと言えば
I'll be impressed ～　～なら感心しますよ
pull you out　あなたを引っ張り出す
hold still　じっとしている
breathe　呼吸をする

2 以下のチャンクに気を付けながら、もう一度、音声を聞きましょう。聞き取れたら□にチェックを入れましょう。

🎧 **07** ⋯⋯⋯⋯⋯⋯⋯⋯⋯⋯⋯⋯⋯⋯⋯⋯⋯⋯⋯⋯⋯⋯⋯⋯⋯⋯⋯⋯⋯⋯⋯⋯⋯⋯●

☐ run through the MRI procedure　MRI の手順を要約する（大まかに説明する）
☐ before you come in on Monday　月曜日に来る前に
☐ I take it (that) ～　私は～だと思う
☐ remove all of your jewelry　アクセサリーを全て外す
☐ insert a cannula　カニューラを挿入する
☐ we'll be putting a contrast liquid into your blood　血液に造影剤を入れる
☐ feel a warm sensation　温かく感じる
☐ they will take a few minutes of images　彼らは数分間、画像を撮影する
☐ we'll pull you out right away　あなたをすぐに MRI からお出しします
☐ sent to a laboratory to be examined　きちんと見るために研究所に送られる

TASK の解答と訳

● 手順

1. You will have to change into a hospital gown and (remove) all of your jewelry.
2. Next you will (lie) on a bed that slides into the machine.
3. The nurse will (insert) a cannula into the back of your hand for the contrast liquid.
4. Then a contrast liquid will be put into your (blood). It will help get a clearer (image).
5. You'll probably feel a warm sensation in your (chest) and legs
6. The MRI test itself will take about (20) minutes.
7. You will make an appointment to receive the (results) of the MRI.

Unit 4

● 注意事項

① If you have any (metal) in your body, the magnets can damage the tissue around it.
② If you feel afraid or uncomfortable, just push the (button) in your hand.
③ You must not move your (head) or back.

(日本語訳)

● 手順

1. 病院着に着替え、アクセサリーを全て外す。
2. マシーンにスライドして入るベッドに横になる。
3. 看護師があなたの手の甲に造影剤のためのカニューラを挿入する。
4. そして造影剤をあなたの血液の中に入れる。それは、より鮮明な画像を映し出す助けとなる。
5. 造影剤を入れ始めると、多分、あなたは胸と両脚が温かくなっていくのを感じるだろう。
6. MRI テスト自体は約20分かかる。
7. MRI の結果を知るために予約をする。

● 注意事項

①体内に金属があれば、磁石がその周辺の組織を傷める可能性がある。
②怖いとか不快だと感じたら、手に持っているボタンを押すだけでよい。
③頭部も背中も動かしてはいけない。

3 聞き取りのコツ

● 会話とほとんど同じだが……
TASK は、患者と医師のやりとりを忠実になぞる問題です。ただし情報が会話と全く同じ順序で出てくるわけではなく、また会話の中の表現とは異なる言い方をしている箇所もあるため、内容を真に理解していないと埋められないカッコもあります。

● 冒頭部の発話が重要
ここでは、we can run through the MRI procedure before you come in on Monday.（MRI の手順を大まかに説明しましょう）を聞き取れれば、これからどんな音声が流れるかがわかります。First, や Next などの言葉にも気をつけて、順序立てて聞きましょう。

● 専門用語の聞き取り方とは?
いくつか医療関係の専門用語が出てきます。知っていれば理解しやすいのですが、知らなくてもその言葉の後に説明されているので、推測は難しくありません。特にこのダイアログに出ている cannula（カニューラ。ビニールの管に連結している針）と contrast liquid（造影剤）は専門用語なので、聞き慣れない人が多いかもしれません。「単語のヘルプ」を参考にしましょう。

● 注意事項も聞き逃すな!
検査などの手順では注意事項を聞き逃してはいけません。ダイアログでは The most important thing is not to move your head or back などです。また、禁止事項は You shouldn't …、You must not … など、not を含むフレーズで述べられることもあります。

● 未来のことでも副詞節では現在形
以下の接続詞がある時は、未来のことでも現在形にします。
if（～したら）/unless（～でない限り）/when（～したら）/before（～する前に）/after（～した後で）/as soon as（～するとすぐに）/once ～（～したら）/until（～まで）
　医師のセリフの When we begin, you'll probably feel a warm sensation in your chest and legs.（私たちが［造影剤を入れ］始めたら、多分、胸と両脚が温かくなっていくのを感じます）では、When が使われています。その動作が未来のことであっても、「～したら」を意味する副詞節なので、動詞は現在形になります。その他の例も挙げておきます。　例：If it is sunny tomorrow, we will go on a picnic.（明日晴れたら、私たちはピクニックに行きます）／Let's wait here until she comes.（彼女が来るまでここで待ちましょう）

● take を使った用法

ダイアログでは、かかった時間を示す take が使われています。それ以外の、take を使う病院関連のフレーズを身に付けましょう。

take an image（画像を撮る）、take X-rays（レントゲン検査をする）

take a blood test（採血をする）、take a urine test（尿検査をする）

take one's temperature（〜の体温を測る）、take a deep breath（深呼吸する）、take medication（薬を服用する）

● 検査に役立つイディオム

こう言われて、即座にその姿勢がとれますか?

lie down on the back（天井を向いて横たわる）

lie down on your left/right（左/右を向いて横になる）

extend one's arms/knees（腕/膝を伸ばす）

Unit
4

 ▶ 会話を膨らませよう!

日本語 : 昨日、超音波検査をしました。

英語 : I had an ultrasound yesterday.

日本語 : 明日、超音波検査の予約をしています。

英語 : I have an appointment for an ultrasound tomorrow.

 では英文を見ながら、もう一度、聞きましょう。太字部分は TASK の解答の根拠となる箇所です。注意して耳を傾けましょう。

 07

Doctor: Now, if you like, we can run through the MRI procedure before you come in on Monday.

Patient: Yes, if you don't mind.

D: I take it you haven't had an MRI before?

P: No, only X-rays.

D: OK. Well, it's a simple procedure, but it takes a lot longer than an X-ray. First, you'll be asked to change into a hospital gown and **remove all of your jewelry**. Have you ever had any surgery in the past?

P: No. Wait, this isn't surgery, is it?

D: No, no. I only ask because the machine uses powerful magnets. **If you have any metal in your body** from a previous surgery, it can damage the tissue around it. If you haven't had any surgery, you'll be fine.

P: Oh, I see. OK. No. Nothing like that.

D: Good. So, next they will **put you on a bed** that slides into the machine. The nurse will **insert a cannula** into the back of your hand. This is for the contrast liquid.

P: I'm sorry, what's cannula?

D: It's basically a needle connected to a plastic tube. We put it into a vein on the back of your hand. For your MRI, we'll be **putting a contrast liquid into your blood**. This will help us **get a clearer image**. When we begin, you'll probably feel a warm sensation **in your chest and legs**. But don't worry, it's harmless.

P: Right. So this will happen before I go into the machine?

D: No, they will take a few minutes of images first and then start the contrast later.

P: OK, I understand.

D: **The test itself will probably take about 20 minutes,** but altogether you'll be here for just under an hour.

P: Wow. That's much longer than I expected.

D: Yes, if anything, most people find it to be a little bit boring.

P: If I have to hold still for 20 minutes, I'll probably fall asleep.

D: Well, I'll be impressed if you do. The machine is extremely loud, so not too many people manage to fall asleep in it. We will give you something to protect your ears before we begin, and we can play music for you, if you like.

P: OK. I guess we'll see what happens.

D: Actually, I have seen one or two people fall asleep. So, it's not impossible.

P: Is there anything else?

D: The space inside the machine is quite narrow, so if small spaces make you uncomfortable or nervous, let us know. We can give you something before the procedure to help you relax. You will have an emergency button in your hand, too. So, if you feel afraid or uncomfortable, **just push the button** and we'll pull you out right away.

P: I don't think that will be a problem. I'm more worried about holding still for 20 minutes. What happens if I move? Do we have to start over?

D: Well, obviously, if you move around a lot, yes, we might have to start over. But you don't need to hold perfectly still. You can breathe normally. The most important thing is **not to move your head or back**. Do you have any other questions?

P: Actually, no. I think it sounds simple enough. Do I need to wait for the results after the procedure?

Unit
4

D: No. The images will be sent to a laboratory to be examined, and that will take a few days. We'll call you and **arrange an appointment when we have the results**.

P: OK. Thanks so much.

D: Great. I'll see you on Monday for the test.

(**日本語訳**)

医師：さあ、よろしければ、月曜日に来院される前に MRI の手順を大まかに説明しましょう。

患者：はい、どうぞよろしくお願いします。

医師：あなたは一度も MRI 検査を受けたことがないのですよね？

患者：ええ、受けたことがあるのはレントゲンだけです。

医者：わかりました。そうですね、簡単な手順ですがレントゲンより時間がかかります。まず、病院着に着替え、アクセサリーを全て外すように言われます。過去に外科手術をしたことがありますか？

患者：ないです。ちょっと待ってください、これは外科手術ではないですよね？

医者：違います、違います。機械が強力な磁石を使っているので聞いただけです。過去に受けた外科手術で体に金属が入っている場合は、その周辺の組織を傷める可能性があるのです。外科手術を受けたことがないなら、大丈夫です。

患者：ああ、わかりました。大丈夫です。いいえ、そのようなものは受けたことはありません。

医師：良かった。それでは、次はですね、あなたはマシーンにスライドして入るベッドに寝かされます。看護師があなたの手の甲にカニューラを挿入します。これは造影剤のためです。

患者：すみません、カニューラとは何ですか？

医師：基本的にはプラスチックの管につながっている針です。それを手の甲にある静脈に刺します。MRIのための造影剤をあなたの血液中に入れるのです。造影剤はより鮮明な画像を映し出す助けになってくれます。造影剤を入れ始めると、多分、胸と両脚が温かくなっていくのを感じますよ。気にしないでくださいね、害はないので。

患者：なるほど。それでは、これは機械の中に入る前に起こるのですか？

医師：いいえ、まず数分間、画像を撮り、それから造影剤を入れ始めます。

患者：なるほど、わかりました。

医師：多分、検査自体は20分ほどしかかからないのですが、全部で1時間弱、ここにいることになりますよ。

患者：わあ。私が予想していたより時間がかかりますね。

医師：そうですね、どちらかと言えば、ほとんどの人は退屈に感じます。

患者：20分間じっとしていなければならないとしたら、多分、眠ってしまいます。

医師：あなたが眠ってしまったら私は感心しますよ。機械はとても大きな音がするので、眠ってしまえる人はそんなにいませんよ。始める前に耳を守るものを渡します。そして、ご希望なら、音楽をかけてさしあげられますよ。

患者：わかりました。どうなるかお楽しみですね。

医師：実際、1人か2人眠った方がいらっしゃいます。だから眠ることも不可能ではないです。

患者：ほかに何か注意事項がありますか？

医者：機械（MRI）内部のスペースはかなり狭いので、狭くて気分が悪くなったり、神経質になるようなら、お知らせください。実施する前にリラックスできるようなものをお渡しします。あなたは非常用のボタンも手に持たされますよ。だから、怖いとか不快だと感じたら、ボタンを押すだけでいいですから、そうすれば、あなたをすぐにMRIからお出しします。

患者：それは問題ではないでしょう。20分間じっとしていることの方がもっと心配です。もし、私が動いたらどうなりますか？　最初から始めなければならないのですか？

医者：そうですね、明らかに、あなたが、何回も動いたら、はい、その場合は最初からやり直さなければならないでしょう。ですが、完全に静止する必要はないのです。普通に呼吸をしていいのですよ。最も大切なことは頭部や背中を動かさないということです。ほかに何か質問がありますか？

患者：実のところ、質問はないです。かなり簡単そうなので、検査が終わったら（ここで）結果を待たなければなりませんか？

医師：いいえ。画像はきちんと見るために研究所に送られ、結果が出るまでには数日かかります。結果が出たらこちらから電話をして予約の手配をします。

患者：わかりました。ありがとうございます。

医師：よろしいですね。月曜日に検査で会いましょう。

---

5 ダイアログの内容について下記の設問に答えましょう。解答と解説、翻訳は次のページにあります。

Q1 What will the patient do next Monday?

(A) The patient will receive the results of the MRI.

(B) The patient will undergo an operation.

(C) The patient will have an MRI.

(D) The patient will stay overnight in hospital.

Q2 What is true about the procedure of the MRI?

(A) The MRI is conducted after a surgery.

(B) The patient will have an emergency device.
(C) The patient does not have to remove their jewelry.
(D) The MRI itself takes more than one hour.

Q1 正解　C
患者は来週の月曜日に何をしますか?
(A) 患者は MRI の結果を受け取る。
(B) 患者は手術を受ける。
(C) 患者は MRI を受ける。
(D) 患者は病院で一泊する。

> **解説**　冒頭の ... we can run through the MRI procedure before you come in on Monday. が聞き取れれば答えられます。聞き逃しても医師の最後の I'll see you on Monday for the test. で正解が出るでしょう。話の流れから (A) を選びがちなので注意しましょう。

Unit 4

Q2 正解　B
MRI の手順に関して、何が真実ですか?
(A) MRI は外科手術の後に行われる。
(B) 患者は緊急用の装置を持たされる。
(C) 患者はアクセサリーを外す必要はない。
(D) MRI 自体は 1 時間以上かかる。

> **解説**　医師の You will have an emergency button in your hand, too. が聞き取れれば emergency button を emergency device と言い換えた (B) が正解とわかります。(D) と迷ったかもしれませんが、1時間というのは but altogether you'll be here for just under an hour. (しかし、全部で1時間弱、ここにいることになります) なので、検査をする時間ではありません。

6 最後に、MRI を受けるべきか迷っている友人に、ダイアログの内容を参考にして MRI の手順を説明します。ポーズで You の発言を繰り返しましょう。

🎧 08

Friend: My doctor suggested that I have an MRI, but I'm a bit afraid to do so. Have you ever had one?

You: Yes, I've had several. / I'll explain how it goes. / At first, you have to change into a hospital gown / and remove all of your jewelry. / Next, you lie on a bed that slides into the MRI machine. / The nurse inserts a cannula into the back of your hand / for the contrast liquid. / It takes images of you for a few minutes. / Then, a contrast liquid will be put into your blood. / The contrast liquid helps get a clearer image. /

You may feel a warm sensation in your chest and legs, / but it's nothing to worry about. / If you feel afraid or uncomfortable during the MRI, / you can just push a button that they give you to hold. / The MRI test itself takes about 20 minutes. /

Friend: Is there anything I have to be careful of?

You: Have you ever had any surgery? / If you have any metal in your body, / the magnets can damage the tissue around it. / And during the test, / you have to be careful not to move your head or back. /

Friend: Thank you for all the details. Now, I've made up my mind to take the test.

(**日本語訳**)

友達：かかりつけ医からMRIを受けるように言われているんだけど、ちょっと怖くて。あなたは受けたことはありますか？

あなた：ええ、何度か受けてます。どういう手順か説明しましょう。まず病院着に着替え、全てのアクセサリーを外します。次にマシーンにスライドしているベッドに横になります。看護師があなたの手の甲に造影剤のためのカニューラを挿入します。最初に数分間、画像を撮ります。それから造影剤をあなたの血液の中に入れます。造影剤は鮮明な画像を映し出す助けとなります。

胸と両脚が温かくなるのを感じるかもしれませんが、心配はいりません。怖いとか不快だと感じたら、持たされたボタンを押すだけでいいです。MRIテスト自体は約20分かかります。

友達：気を付けないといけないことはありますか？

あなた：外科手術は受けたことはありますか？　もし体内に金属があれば、マグネットがその周りの組織を傷めるかもしれないので。それから検査の最中は頭や背中を動かさないよう気を付けてください。

友達：情報ありがとう。検査を受ける決心がつきました。

よくがんばりました

09-10

LISTENING

| 難易度 ●●●○○○ 3 | 300語（普通の長さ） | ビジネス／会議 |

🇺🇸 女　🇺🇸 男　🇬🇧 男

TASK

1 あなたはアパレルメーカー勤務です。今日はオンラインでの衣料品販売について海外の販売担当者との打ち合わせに出席しています。後ほどデザイナーに報告するために、簡単なメモを作りましょう。

[学習目標時間 30分]

● 音声を聞いて、日本語の項目に従い、聞いた内容を下線に記入しましょう。メモは日本語でも英語でもかまいません。次ページの「単語のヘルプ」も適宜、参照してください（解答例はp. 53）。

Unit 5

🎧 09

発表

オンライン販売の実情は

_____

議論の内容

1. オンラインで購入しない、あるいは返品する理由：

_____

_____

2. 顧客が実店舗で買う理由：

_____

3. 品質をオンラインショップでわかってもらう方法：

_____

解決すべき課題

_____

(単語のヘルプ)

figure 数字 ＊直後の Brian のセリフの numbers も同じ意味。

returns 返品

guess at 〜 〜を推測する

be drawn to 〜 〜に惹かれる

quality 品質

obviously 明らかに

come close いい線までいく

be unlikely to 〜 〜したがらない

click-and-play video クリックして再生するビデオ

in context 前後関係で

---

2 以下のチャンクに気を付けながら、もう一度、音声を聞きましょう。聞き取れたら□にチェックを入れましょう。

🎧 **09** ⋯⋯⋯⋯⋯⋯⋯⋯⋯⋯⋯⋯⋯⋯⋯⋯⋯⋯⋯⋯⋯⋯⋯⋯⋯⋯⋯⋯⋯⋯⋯⋯⋯⋯⋯•

☐ what size of shirt to buy どのサイズのシャツを購入したらよいか

☐ try it on それを試着する

☐ guess at the size and then return it if it doesn't fit サイズを適当に推測して、合わない場合はそれを返品する

☐ try to improve the experience 経験を向上しようとする

☐ when it comes to clothing 衣類となると

☐ are drawn to the feeling of the cloth 布の感触に惹き付けられる

☐ how they make decisions about quality 彼らが品質について判断する方法

☐ develop close-up images クローズアップ画像を開発する

☐ how the cloth moves どのように布が動くか

☐ see a real image of the shirt シャツの実際の画像を見る

☐ figure out a way to show it in context 前後関係で示す方法を見つける

☐ the sizes can be compared サイズを比べられる

TASKの解答例 （このような内容が書けていればOKです）

● 日本語

発表

オンライン販売の実情は

売上が上がるにつれて返品が増えている

議論の内容

1. オンラインで購入しない、あるいは返品する理由：

試着ができないから（どのサイズを買えばわからない、だから何も買わない、あるいは推測で間違ったサイズを買い、返品する）

2. 顧客が実店舗で買う理由：

商品に触れられるから（顧客は布の感触で品質を判断する）

3. 品質をオンラインショップでわかってもらう方法：

クローズアップ画像を作る（布の動きを見せるため）

解決すべき課題

サイズが前後関係で比べられるよう、実際の画像を見せる方法を見出す

Unit
5

● 英語

発表

オンライン販売の実情は

The figures look good, but the number of returns has increased as sales have gone up.

議論の内容

1. オンラインで購入しない、あるいは返品する理由：

Because they cannot try things on, they don't know what size they should buy. They end up buying the wrong sizes and have to return them.

2. 顧客が実店舗で買う理由：

Customers can make decisions about quality by the feeling of the cloth.

3. 品質をオンラインショップでわかってもらう方法：

Develop close-up images (that show how the cloth moves).

解決すべき課題

Figure out a way to show the real image in context so that the sizes can be compared.

---

3 聞き取りのコツ

オンラインショッピングの売上が上がるにつれ、返品も増えることへの対処方法を話し合っています。

● 逆説のディスコースマーカー but に続く文の重要性

この会議の英文には、以下のように but が7回登場します。but や however の後には重要な内容が続きがちということを再確認しましょう。

Wendy: but the problem is that as our online sales go up, so do our returns.

Wendy: But, Hank, we can't give them a way to touch the products online.

Hank: But we can come close if we use short videos.

Brian: but our marketing data show that people are unlikely to click on sales videos.

Hank: But I think we can develop close-up images …

Wendy: But what about the problem with sizes?

Hank: But we need to figure out a way to show it in context, so the sizes can be compared.

● 結果、結論を導くディスコースマーカー

前の文の内容を受けて結果を述べる際のディスコースマーカーには、As a result、consequently、therefore、in conclusion などがあります。自分でも話したり書いたりする時に、使えるようになりましょう。この英文中では As a result（その結果として）が使われています。As a result, they don't buy anything, or they guess at the size and then return it if it doesn't fit.（結果として、彼らは何も買わない、またはサイズを適当に決めて、合わない場合は返却します）。

● 名詞としての return

ダイアログの最初の発話者 Wendy は、returns を名詞の「返品」の意味で使っています。他にも似たような例を挙げておきます。例：return policy（返品ポリシー）、return address（返送用宛名）、returns form（返品記入用紙）。またreturn には「報酬・利益」などの意味があることも覚えましょう。

▶ 会話を膨らませよう!

・「今はオンラインショップでほとんど何でも買える時代です」
Now we can buy almost anything from online stores.

 ▶ スラスラ言えるようになろう!

・「このシャツは大きすぎます。返品できますか?（返金をお願いします）」
This shirt is too big. Can I return it? (I'd like a refund).
・「このシャツを大きいものと交換していただきたいのですが」
I'd like to exchange this shirt for a bigger one.

4 では英文を見ながら、もう一度、聞きましょう。太字部分は TASK の解答
の根拠となる箇所です。注意して耳を傾けましょう。

Unit
5

🔊 **09**

Wendy: I'd like to show you these figures from last season's online sales. Now, they look good, **but the problem is that as our online sales go up, so do our returns.**

Brian: Yes. I've been watching those numbers, Wendy. People don't know what size of shirt to buy for themselves if they can't try it on. **As a result, they don't buy anything, or they guess at the size and then return it if it doesn't fit.**

Wendy: Exactly. So, with this year's summer line, what I'm hoping is that we can approach web sales differently, and try to improve the experience.

Hank: I've been thinking about this a lot, actually. First of all, when people shop in the actual stores, they like to touch the product. **Especially when it comes to clothing, people are drawn to the feeling of the cloth.** That's how they make decisions about quality.

Wendy: But, Hank, **we can't give them a way to touch the products online.**

Hank: Obviously, not. **But we can come close if we use short videos.**

Brian: Sorry to interrupt, but our marketing data show that people are unlikely to click on sales videos.

Hank: Oh, yes, Brian, I know. **But I think we can develop close-up images that show how the cloth moves.** These images would play as the user moves up or down the page. It's more elegant than click-and-play video.

Brian: Interesting. Can you show me a practical example later, Hank?

Hank: Of course.

Wendy: But what about the problem with sizes?

Brian: Yes, that's more difficult. I think customers need to see a real image of the shirt when they select their size. **But we need to figure out a way to show it in context, so the sizes can be compared.** I'm not quite sure how to approach that yet.

（　日本語訳　）

ウェンディ：昨シーズンのオンライン販売での売上数値をお見せしたいと思います。さて、良い数値に見えますが、問題は、オンラインでの売上が上がるにつれて、返品が増えるということです。

ブライアン：はい。私もずっとその数値を見続けていますよ、ウェンディ。試着できないとお客さまはどのサイズのシャツを購入したらよいかがわからないのです。結果として、何も購入しなかったり、サイズを適当に推測して（購入して）、合わない場合は返品します。

ウェンディ：まさしくその通りです。ですから、この夏のラインナップで私が期待しているのは、ウェブでの販売に今までと違う取り組み方をして、経験を向上すべきだということなのです。

ハンク：私は実は、このことについてずっと考えています。まず初めに、お客さまが実店舗で買い物をするときは、商品に触れたがります。特に、衣類となるとお客さまは布の感触に惹き付けられます。そうやって品質について判断するのです。

ウェンディ：でもハンク、（私たちは）お客さまにオンラインでは商品に触れてはもらえないのです。

ハンク：当然、無理ですね。ですが、ショートビデオを使えばいい線までいきます。

ブライアン：すみません、ちょっと割り込ませていただきたいのですが、うちのマーケティングのデータによれば、販売用ビデオは皆、あんまりクリックしないです。

ハンク：あー、ええ、ブライアン、知っていますよ。ですが、どのように布が動くかを示すクローズアップ画像は開発することができます。これらの画像はユーザーがページを上下に動かすことで、再生します。クリックして再生するビデオよりもずっと優雅です。

ブライアン：面白いですね。あとで具体例を見せてくれますか、ハンク？

ハンク：もちろんいいですよ。

ウェンディ：ですが、サイズの問題はどうするのですか？

ハンク：はい、それはもっと難しいですね。お客さまは自分たちのサイズを選ぶ時は実際のシャツの画像を見る必要があると思います。しかし、サイズを前後関係で比べられるような方法を見つける必要があります。私はまだそれにどのように取り組めば良いか、よくわかりません。

5 ダイアログの内容について下記の設問に答えましょう。解答と解説、翻訳は下にあります。

Q1 According to the dialogue, why do the returns increase as the online sales increase?
(A) The number of the defective products increases.
(B) The customers choose the wrong size products.
(C) The wrong products are often sent to the customers.
(D) The products are often sent to the wrong places.

Q2 According to the dialogue, how do customers decide the quality of the clothing in real shops?
(A) By touching the products.
(B) By looking at the quality labels.
(C) By listening to the store clerk's advice.
(D) By comparing the prices.

Unit
5

解答と解説

Q1 正解 B
ダイアログによれば、オンラインの売上が増加するにつれて、なぜ返品が増加するのですか?
(A) 欠陥商品の数が増加するから。
(B) 顧客が間違ったサイズの商品を選ぶから。
(C) 間違った商品がよく顧客に送付されるから。
(D) 商品はしばしば間違った場所に送付されるから。

解説 As a result ～に続く英語に注意して聞きましょう。As a result, ～ or they guess at the size and then return it if it doesn't fit.(サイズを適当に推測して購入し、合わない場合は返品する)とあるので、正解は (B) です。

Q2 正解 A
ダイアログによれば、顧客は実店舗でどのように品質を判断しますか?
(A) 商品に触れることによって。
(B) 品質ラベルを見ることによって。
(C) 店員のアドバイスに耳を傾けることで。
(D) 価格を比べることによって。

解説 実店舗での品質の判断について問われています。中ほどの Especially when it comes to clothing, people are drawn to the feeling of the cloth. That's how they make decisions about quality. を聞き取りましょう。「布の感触に惹かれる。そうやって品質を判断する」とあるので、正解は (A) です。

🎧 **10** ⋯⋯⋯⋯⋯⋯⋯⋯⋯⋯⋯⋯⋯⋯⋯⋯⋯⋯⋯⋯⋯⋯⋯⋯⋯⋯⋯⋯⋯⋯⋯⋯⋯⋯⋯●

Wendy : I'd like to show you these figures from last season's online sales. / Now, they look good, / but the problem is that as our online sales go up, / so do our returns. /

Brian: Yes. / I've been watching those numbers, Wendy. / People don't know what size of shirt to buy for themselves / if they can't try it on. / As a result, they don't buy anything, / or they guess at the size / and then return it if it doesn't fit. /

Wendy: Exactly. / So, with this year's summer line, / what I'm hoping is that / we can approach web sales differently, / and try to improve the experience. /

Hank: I've been thinking about this a lot, actually. / First of all, when people shop in the actual stores, / they like to touch the product. / Especially when it comes to clothing, / people are drawn to the feeling of the cloth. / That's how they make decisions about quality. /

Wendy: But, Hank, we can't give them a way / to touch the products online.

Hank: Obviously, not. / But we can come close / if we use short videos. /

Brian: Sorry to interrupt, / but our marketing data show that / people are unlikely to click on sales videos. /

Hank: Oh, yes, Brian. / I know. / But I think we can develop close-up images / that show how the cloth moves. / These images would play / as the user moves up or down the page. / It's more elegant than click-and-play video. /

Brian: Interesting. / Can you show me a practical example later, Hank?

Hank: Of course. /

Wendy: But what about the problem with sizes? /

Brian: Yes, that's more difficult. / I think customers need to see a real image of the shirt / when they select their size. / But we need to figure out a way to show it in context, / so the sizes can be compared. / I'm not quite sure how to approach that yet. /

Unit 6 　新薬の開発の歴史

LISTENING

難易度 ●●●●● 5 ｜ 314語（普通の長さ） ｜ 科学／インタビュー ｜ 🇺🇸 女 🇬🇧 男

TASK

1 ベストセラーになった "Drug Discovery: Twelve Pioneers Who Healed the World." という本の日本語版が出版されました。著者へのインタビューを聞いて、日本語版の目次を完成します。まずは英語で考えてみましょう。　　　　　　　　　　　　　　　[学習目標時間 40分]

● 音声を聞いて、①～⑬の語群からカッコ内にふさわしい単語を選びましょう。次ページの「単語のヘルプ」も適宜、参照してください（解答は p. 62）。

🎧 11 ‥‥

● 語群

① 100 - 200　② animals - humans　③ mother - father
④ colleague - supervisor　⑤ medieval people - ancient people
⑥ aspirin - insulin　⑦ by chance - with care　⑧ morphine - penicillin
⑨ water - mold　⑩ curiosity - hatred　⑪ cancer - cold
⑫ weapons - experiment　⑬ cholera - measles

Unit 6

目　次	著者グレガー・T・リース博士から日本の読者へ
序　章	当たり前に親しまれている薬がどのようにして生まれたか ——【　①　】年にわたる新薬開発の歴史 ——
第1部	新薬開発の裏側にある【　②　】ドラマ
第1章	【　③　】のために鎮痛剤を製造したフェリックス・ホフマン
第2章	ホフマンの【　④　】、アイヘングルューンの主張
第3章	ヤナギの樹皮を痛み止めに使った【　⑤　】
第4章	「誰が【　⑥　】を発見したのか」
第2部	新薬は【　⑦　】生まれる
第1章	医学に革命を起こした薬【　⑧　】
第2章	世界で最も命を救う薬のもとは実は、【　⑨　】
第3章	【　⑩　】を持つことの重要性
第3部	【　⑪　】の効果的な治療法
第1章	化学【　⑫　】が命を救う？
第2章	【　⑬　】や「ポリオ」のような病気になる日

Dr. Gregor T. Reese グレガー・T・リース博士

physician 内科医

"Drug Discovery: Twelve Pioneers Who Healed the World"
『薬の発見：世界を癒した12人のパイオニアたち』

come about 生まれる

penicillin ペニシリン

personal dispute 個人の論争

Felix Hoffmann フェリックス・ホフマン

arthritis 関節炎

Arthur Eichengrün アーサー・アイヘングリューン

claim 〜 〜を主張する

bark of the willow tree ヤナギの樹皮

miraculous drug 特効薬

by pure chance 単なる偶然

Alexander Fleming アレキサンダー・フレミング

contaminated with mold カビで汚染された

be extracted from 〜 〜から抽出される

nitrogen mustards ニトロゲンマスタード

weapon of mass destruction 大量破壊兵器

chemical warfare 化学戦争

U.S. Food and Drug Administration 米国食品医薬品局

topping 1位にいる

parting お別れの

2 以下のチャンクに気を付けながら、もう一度、音声を聞きましょう。聞き取れたら□にチェックを入れましょう。

🎧 **11** ....•

☐ a fascinating look into 200 years of the history　200年の歴史の魅力的な探究

☐ the fascinating human stories behind major developments　大きな開発の裏にある魅力的な人間ドラマ

☐ Take aspirin, for example.　アスピリンを例に挙げましょう。

☐ who invented what　誰が何を発明したか

☐ as a pain-reliever for his father's arthritis　彼の父の関節炎の鎮痛薬として

☐ a colleague of Hoffmann's named Arthur Eichengrün　ホフマンの同僚のアーサー・アイヘングリューン

☐ claimed to have invented the process　プロセスを発明したと主張した

☐ We could go even further back　もっと昔へ遡ると

☐ to ease pain　痛みを和らげるために

☐ how accidental much of it was　どれくらいその多くが偶然だったかということ

☐ miraculous drug that launched a revolution in medicine　医学界に革命をもたらした特効薬

☐ And yet,　それにも関わらず、

☐ bacteria-growing plates contaminated with mold　カビで汚染された数枚の細菌増殖プレート

☐ clear of bacteria　細菌がない

☐ Curious, he investigated,　好奇心にかられて彼が調べたところ

☐ What if he had simply washed off the plates　彼が単にプレートを洗い流していたらどうなっていたでしょう

☐ weapons of mass destruction　大量破壊兵器

☐ extract the seeds of something good from it　そこから善の種を抽出する

☐ once and for all　決定的な

☐ cancer becomes something like measles or polio　がんがはしかやポリオのようになる

目　次

著者グレガー・T・リース博士から日本の読者へ

序章　　　当たり前に親しまれている薬がどのようにして生まれたか
　　　　　──【 ① 200 】年にわたる新薬開発の歴史 ──

第1部　　新薬開発の裏側にある【 ② humans 】ドラマ
　第1章　【 ③ father 】のために鎮痛剤を製造したフェリックス・ホフマン
　第2章　ホフマンの【 ④ colleague 】、アイヘングリューンの主張
　第3章　ヤナギの樹皮を痛み止めに使った【 ⑤ ancient people 】
　第4章　「誰が【 ⑥ aspirin 】を発見したのか」

第2部　　新薬は【 ⑦ by chance 】生まれる
　第1章　医学に革命を起こした薬【 ⑧ penicillin 】
　第2章　世界で最も命を救う薬のもとは実は、【 ⑨ mold 】
　第3章　【 ⑩ curiosity 】を持つことの重要性

第3部　　【 ⑪ cancer 】の効果的な治療法
　第1章　化学【 ⑫ weapons 】が命を救う?
　第2章　【 ⑬ measles 】や「ポリオ」のような病気になる日

（　カッコ内の日本語訳　）

②人間／③父／④同僚／⑤古代の人々／⑥アスピリン／⑦偶然／⑧ペニシリン／⑨カビ／⑩好奇心／⑪がん／⑫兵器／⑬はしか

よくがんばりました!

3 聞き取りのコツ

● 冒頭に注意

どのリスニングにも言える大切なことは、冒頭をしっかり聞くということです。リース博士の "Drug Discovery: 12 Pioneers Who Healed the World." が紹介されていることから、薬の発見と、それにかかわった人々の話が始まることがわかります。また、I wanted to tell the fascinating human stories behind major developments like the invention of aspirin ... (アスピリンの発明のような大きな開発の裏にある魅力的な人間ドラマをお話ししたかったのです) も大きなヒントです。

● 例示タイプのディスコースマーカー

例示タイプのディスコースマーカーには、for example、for instanceなどがあります。その直後に大切なことが語られることが多いので耳を傾けましょう。

・Take aspirin, for example. Sometimes, personal disputes make it difficult to know who invented what. → (アスピリン＝個人的な争いが、誰が、何を発明したかをわかりづらくしている)

・In 1899, for instance, a chemist named Felix Hoffmann was working for the German company that eventually produced the Bayer aspirin brand. He produced and used the drug we now call aspirin as a pain-reliever ... → (1898年＝フェリックス・ホフマンという化学者がバイエルアスピリンのブランドを作りあげたドイツの会社で働いていた。彼は、私たちが現在アスピリンと呼んでいる薬を製造し、鎮痛薬として使用した)

・Take penicillin, for instance. This is a nearly miraculous drug that launched a revolution in medicine. → (ペニシリン＝医学界に革命をもたらしたほとんど奇跡に近い、特効薬)

● What if ＋主語＋動詞?について

What if he had simply washed off the plates without feeling curious? (もし、彼が好奇心を持たずに、単にプレートを洗い流していたらどうなっていたでしょうか?) の What if ＋主語＋過去完了形?は「過去の事実に反する仮定」です。他にも What if ... の例をいくつか挙げましょう。

「もし、電車が遅れたらどうしますか?」(未来の仮定)
What if the train is late?

「もし、電車が遅れていたらどうなっていただろうか?」(過去の事実に反する仮定)
What if the train had been late?

Unit
6

「あなたが超能力を持っていたらどうしますか?」(現在の事実に反する仮定)
What if you had supernatural power?
　if の副詞節内の時制は、過去の方が現在よりも可能性が低くなります。

● 「偶然」を表わす語句に注意
薬の発見の偶然性を述べている語句、accidental、by chance、happen to などに注目しましょう。
・Another interesting aspect of drug discovery is just how accidental much of it was.(薬の発見のもう一つの面白い側面は、どれくらいその多くが偶然だったかということです)
・It was discovered almost by pure chance. (それ [ペニシリン] はほとんど単なる偶然によって発見されたのです)
・He happened to notice that some areas around the mold were clear of bacteria.(彼は、カビの周りの一部分には細菌がないことに、偶然、気づいたのです)

 ▶ 会話を膨らませよう!

このインタビューで印象的だったのは、「偶然」大きな発見ができたということです。時と場合に応じて、いろいろな言い回しができるようにしておきましょう。
「コロンブスのアメリカの発見は偶然でした」
Columbus's discovery of America was accidental.
「コロンブスは1492年に偶然アメリカを発見しました」
Columbus happened to discover America in 1492.

4 では英文を見ながら、もう一度、聞きましょう。太字部分は TASK の解答の根拠となる箇所です。注意して耳を傾けましょう。

 11

Interviewer: We're talking with Dr. Gregor T. Reese, a physician, research chemist, inventor, author and many other things, I'm sure. He's just come out with a new book, "Drug Discovery: Twelve Pioneers Who Healed the World." Welcome, Dr. Reese.

Dr. Reese: Thank you for having me on the show today.

Interviewer: This book is a fascinating look into **200 years of the history** of how some of the medicines we all take for granted came about.

Dr. Reese: Yes. I wanted to tell the fascinating **human stories behind major developments** like the invention of aspirin, or penicillin, or other drugs. Take aspirin, for example. Sometimes, personal disputes make it difficult to know who invented what.

In 1899, for instance, a chemist named **Felix Hoffmann** was working for the German company that eventually produced the Bayer aspirin brand. He produced and used the drug we now call aspirin as **a pain-reliever for his father's** arthritis. Decades later, **a colleague of Hoffmann's named Arthur Eichengrün** claimed to have invented the process by which Hoffmann produced the drug. He said Hoffmann just copied his process.

We could go even further back and note that numerous **ancient peoples used the bark of the willow tree** and other plant products containing chemicals similar to aspirin to ease pain. So there's no simple answer to the question, **"Who discovered aspirin?"**

Interviewer: More like a journey of discovery than a simple answer.

Dr. Reese: Exactly. Another interesting aspect of drug discovery is just how accidental much of it was.

Unit
6

Interviewer: Accidental?

Dr. Reese: Yes. **Take penicillin,** for instance. This is a nearly miraculous drug that launched a revolution in medicine. It would be impossible to say just how much suffering has been prevented by penicillin over the years. And yet, it was discovered almost **by pure chance.** In 1928, you see, Scottish scientist Alexander Fleming was cleaning some bacteria-growing plates contaminated with mold. He happened to notice that some areas around the mold were clear of bacteria. Why? **Curious,** he investigated, and **discovered the mold called penicillin.** In refined form, it became one of the world's most lifesaving drugs.

Interviewer: What if he had simply washed off the plates without feeling curious?

Dr. Reese: The world would be a very different place, wouldn't it? Another interesting theme I found when researching my book was a very few cases in which some good was extracted from evil.

Interviewer: Yes. You're referring to mustard gas? I was fascinated by that chapter.

Dr. Reese: In the 1920s and '30s, a class of gases called nitrogen mustards was developed for use as weapons of mass destruction – chemical warfare. It's a dark chapter in human history. But there were chemists who managed to extract the seeds of something good from it. By the 1940s, research had shown that one of these **chemical weapon compounds,** HN-2, could be used to fight certain kinds of cancer. In 1949, HN-2 became the first drug approved by the U.S. Food and Drug Administration as a treatment for cancer.

Interviewer: Well, we can only pray for the day when a cure is found once and for all.

Dr. Reese: Or, more likely, treatments so effective **that cancer becomes something like measles or polio** – a once terrifying disease that, thanks to modern medicine, we hardly ever think about anymore.

Interviewer: The book is "Drug Discovery: Twelve Pioneers Who Healed the World" by Dr. Gregor T. Reese, now topping the bestseller lists. Thank you so much for joining us today, Dr. Reese. A parting word for our viewers?

Dr. Reese: Well, I'd just say what I learned in writing this book: Where there's human curiosity, there's hope.

(**日本語訳**)

インタビュアー：今日は内科医、化学研究者、発明家、著者、そしてたぶん他の多くのことを手掛けていらっしゃるグレガー・T・リース博士とお話しします。博士は新刊『薬の発見：世界を癒した12人のパイオニアたち』を出版なさったばかりです。ようこそ、リース博士。

リース博士：本日は番組にご招待してくださりありがとうございます。

インタビュアー：ご著書は、当たり前に親しまれている薬がどのように生まれたか、200年の歴史の魅力的な探究の本ですね。

リース博士：はい。私はアスピリン、ペニシリンやほかの薬の発明のような大きな開発の裏にある魅力的な人間ドラマをお話ししたいと思っていたのです。アスピリンを例に挙げましょう。個人的な争いが、誰が、何を発明したかをわかりづらくしています。

　例えば、1899年には、フェリックス・ホフマンという名前の化学者がバイヤーアスピリンのブランドを作りあげたドイツの会社で働いていました。彼は私たちが現在アスピリンと呼んでいる薬を製造し、父の関節炎に鎮痛薬として使用しました。数十年後、ホフマンの同僚のアーサー・アイヘングリューンが、ホフマンがその薬を作ったプロセスを発明したと主張しました。彼（アーサー）は、ホフマンは彼のプロセスを真似ただけだと言ったのです。

　もっと昔へ遡ると、痛みを和らげるために、多くの古代の人々がヤナギの樹皮と、アスピリンに似たような化学物質を含む他の植物生成物を使ったと言うことができます。ですから、「誰がアスピリンを発見したのか？」という質問に対する簡単な答えはありません。

インタビュアー：シンプルな答えがあるというより、発見の旅ですね。

リース博士：その通りです。薬の発見のもう一つの面白い側面は、どれくらいその多くが偶然だったかということなのです。

インタビュアー：偶然ですか？

リース博士：はい。例えばペニシリンを例に挙げて考えてみましょう。薬で医学界に革命をもたらした特効薬（奇跡に近い薬）のようなものです。長年に渡り、ペニシリンでどれくらいの苦しみをやわらげることができたかを言い表すのは難しいでしょう。それにも関わらず、（ペニシリンは）ほとんど単なる偶然によって発見されたのです。1928年にはですね、スコットランド人の科学者アレキサンダー・フレミングはカビで汚染された数枚の細菌増殖プレートを洗浄していました。彼は、カビの周

Unit 6

りの一部分には細菌がないことに、偶然、気づいたのです。なぜか？　好奇心にかられて調べたところ、ペニシリンと呼ばれるカビを発見したのです。精製されたペニシリンは、世界の救命薬の一つとなりました。

インタビュアー：彼が好奇心を持たずに単にプレートを洗い流していたらどうなっていたでしょう？

リース博士：世界は大きく変わっているでしょうねえ。本のリサーチをしている時に見つけたもう一つの面白いテーマは、ごくわずかですが悪から善が抽出されてることがあるということです。

インタビュアー：あなたがおっしゃるのは、マスタードガスのことですね。私はその章には魅了されましたよ。

リース博士：1920年代と1930年代には、ニトロゲンマスタードと呼ばれるガスが大量破壊兵器として開発されました——化学戦争です。人類史における暗黒の一章です。しかし、そこからも善の種を抽出することに成功した化学者たちが存在します。1940年代までには、研究は化学兵器混合物の一つ、HN-2が、いくつかのある種類のがんと戦うために使用できることを示しました。1949年にはHN-2は、がんの治療薬としての米国食品医薬品局の最初の認可を受けた薬となりました。

インタビュアー：そうですねえ、私たちは決定的な治療が見つかることを祈るばかりです。

リース博士：あるいは、むしろ、非常に効力のある治療法が見つかり、かつては恐ろしい病気だったはしかやポリオのように、がんが近代医学のおかげで、私たちがもう考えなくてすむような日がくることを祈りたいですね。

インタビュアー：グレガー・T・リース博士著の『薬の発見：世界を癒した12人のパイオニアたち』は現在ベストセラーリストの1位を走っています。リース博士、本日はお越しくださりありがとうございます。視聴者の皆さんにお別れの言葉をお願いします。

リース博士：そうですね。この本を書きながら学んだことを少し述べさせていただきますと、人間の好奇心があるところには希望があるということですね。

5 インタビューの内容について下記の設問に答えましょう。解答と解説、翻訳は下にあります。

Q1 What can be inferred from this interview?
(A) Aspirin was produced by Alexander Fleming.
(B) Mustard gas was made from willow trees.
(C) Cancer has already become something like measles or polio.
(D) The discovery of penicillin was accidental.

Q2 What is true about "Drug Discovery: Twelve Pioneers Who Healed the World"?
(A) It is a best-selling book.
(B) Four researchers appear in this book.
(C) It was written by Felix Hoffman.
(D) It has sold a million copies.

解答と解説

Q1 解答 D

このインタビューから何が推測できますか？
(A) アスピリンはアレキサンダー・フレミングによって作られた。
(B) マスタードガスは柳から作られた。
(C) がんはすでに、はしかやポリオのような病気になっている。
(D) ペニシリンの発見は偶然だった。

解説 リース博士の4つ目の発言の5文目に And yet, it was discovered almost by chance. とあり、it は直前の文よりペニシリンであることがわかります。by chance（偶然に）が accidental（偶然な）に言い換えられている (D) が正解です。

Q2 解答 A

『薬の発見：世界を癒した12人のパイオニアたち』について、何が事実ですか？
(A) ベストセラーの1冊である。
(B) 4人の研究者がこの本には登場する。
(C) フェリックス・ホフマンによって書かれた。
(D) 100万部を売り上げた。

解説 インタビュアーが最後に The book is "Drug Discovery: Twelve Pioneers Who Healed the World" by Dr. Gregor T. Reese, now topping the bestseller lists. と発言しています。「ベストセラーリストの1位」とは、もちろんベストセラーの一冊を意味するので、正解は (A) です。

Unit
6

どれくらいできた？
次のページにGO!

Listening を鍛える！

Chapter 2
聞いた情報を相手に伝える　上級編

上級編では、モノローグ（一人の話者による語り）を聞き取ります。トピックも専門的なものが増え、単語レベルも基礎編より少し上がってくるので、中には手ごわいものもあるかも。集中力を切らさないよう、耳を傾けましょう！

Unit 7   週末は吹雪の予報

🎧 12-14   **LISTENING**

| 難易度 ●●●○○○ 3 | 218語（短い） | 天気予報・交通情報／リポート | 🇬🇧 | 男 |

> **1** この週末、スティーブとマヤはロジャーズ・パス市に紅葉を見にドライブに行く予定です。しかし天気は良くなさそうです。天気予報と交通情報をよく聞いて、状況を正しく把握しましょう。　　　　[学習目標時間 30分]

TASK 1

● 音声をよく聞き、以下の天候マップのどれが正しいかを選びましょう。次ページの「単語のヘルプ」も適宜、参照してください。メモを取ってもかまいません（解答はp. 74）。

🎧 12 ···●

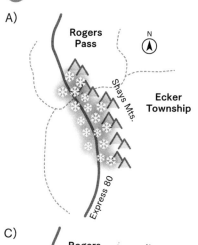

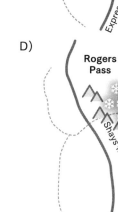

A) Rogers Pass / Ecker Township / Shays Mts. / Express 80

B) Ecker Township / Rogers Pass / Shays Mts. / Express 18

C) Rogers Pass / Ecker Township / Shays Mts. / Express 18

D) Rogers Pass / Ecker Township / Shays Mts. / Express 18

(単語のヘルプ)

forecaster 天気予報士　　　　　warn ～　～を警告する
upcoming 次の　　　　　　　　Shays Mountains シェイズ山脈
issue an alert 警報を発令する
motorist 運転手　　　　　　　Interstate Expressway 州間幹線道路
vehicle 車両　　　　　　　　road closure 通行止め
typically 通常は　　　　　　　near-record 記録更新に近い

2 以下のチャンクに気を付けながら、もう一度、音声を聞きましょう。聞き取れたら□にチェックを入れましょう。

🎧 **12**

☐ west of the Shays Mountains シェイズ山脈の西
☐ south of the city of Rogers Pass ロジャーズ・パス市の南
☐ north of Ecker Township エッカータウンシップの北
☐ snow chains on all wheels 全車輪にスノーチェーンをつける
☐ roads above 2,800 feet in elevation 標高2800フィート以上の道路
☐ will be on alert 警備に当たる
☐ Traffic delays of up to four hours 最大4時間の渋滞
☐ road closures due to heavy snow and ice conditions 大雪と氷のための通行止め
☐ alternative travel route 代替移動ルート
☐ near-record early start 記録更新に近い早いスタート
☐ suggesting a severe winter ahead 厳しい冬を予想している

C)

解説：まずは地図に入っている要素にざっと目を通します。方位記号も見逃さないように。Express 18 と80を聞き間違えないようにしましょう。つまり (A) は間違いです。west of the Shays Mountainsと言っているので、降雪マークが山マークの東に来ている(D)も間違いです。また、All vehicles traveling south of the city of Rogers Pass and north of Ecker Township（ロジャース・パス市の南とエッカータウンシップの北を通る全ての車両は）とあるため、それぞれの地名の位置関係は、B) では間違いだとわかります。

TASK 2

スティーブとマヤは週末、ロジャーズ・パスにドライブに行く予定にしていたのですが、リポートを聞いて考え直し始めています。カッコに適切な単語を、下の語群ペアから選んで、会話を完成してください。わからない場合には、Track 12の音声をもう一度聞いてみましょう。解答と日本語訳は次ページにあります。

Steve: Are you ready for the drive this weekend?

Maya: Well, I'm not so sure about that. The weather forecast said there was going to be a severe snowstorm ① (　　　　　) of the Shays Mountains. You were thinking of taking Interstate ② (　　　), right?

Steve: Yes. I'm planning to take that route through Rogers Pass.

Maya: They said we should avoid that route if we can, and we'd have to put snow chains on all ③ (　　　　) if we did take it. But even if we do take it, there's likely to be a four-hour ④ (　　　) due to the traffic and road ⑤ (　　　　) owing to the heavy snow.

Steve: But, but a snowstorm in October? Isn't it too early?

Maya: This is going to be a near-record early start to the storm season. It looks like there's a severe winter ⑥ (　　　).

Steve: Well, I don't want to cancel the trip so we'd better think about ⑦ (　　　) routes.

Maya: I'll check the info on the National Traffic Service Center website. We'll probably have to take the snow chains anyway, though, because they'll be required on all roads with an ⑧ (　　　) of above 2,800 feet.

Steve: OK, OK, whatever you say.

Unit 7

● 語群

①[east / west]　②[80 / 18]　③[wheels / brakes]　④[delay / detour]　⑤[construction / closures]　⑥[ahead / beyond]　⑦[alternative / massive]　⑧[area / elevation]

Steve: Are you ready for the drive this weekend?

Maya: Well, I'm not so sure about that. The weather forecast said there was going to be a severe snowstorm (west) of the Shays Mountains. You were thinking of taking Interstate (18), right?

Steve: Yes. I'm planning to take that route through Rogers Pass.

Maya: They said we should avoid that route if we can, and we'd have to put snow chains on all (wheels) if we did take it. But even if we do take it, there's likely to be a four-hour (delay) due to the traffic and road (closures) owing to the heavy snow.

Steve: But, but a snowstorm in October? Isn't it too early?

Maya: This is going to be a near-record early start to the storm season. It looks like there's a severe winter (ahead).

Steve: Well, I don't want to cancel the trip so we'd better think about (alternative) routes.

Maya: I'll check the info on the National Traffic Service Center website. We'll probably have to take the snow chains anyway, though, because they'll be required on all roads with an (elevation) of above 2,800 feet.

Steve: OK, OK, whatever you say.

(日本語訳)

スティーブ：今週末のドライブの準備は万端？

マヤ：うーん、どうかしら。天気予報でシェイズ山脈の西側でひどい吹雪だって言っていたわ。州間高速道路18号線を使うつもりだったでしょ？

スティーブ：うん。そこを通って、ロジャーズ・パスを抜ける予定だよ。

マヤ：そのルートはできれば避けるか、あるいは通るなら全輪にスノーチェーンを付けないといけない、って言ってたわ。それでも4時間の交通遅延と大雪による通行止めがあるだろうって。

スティーブ：でも、でも、10月に吹雪だって？　早すぎない？

マヤ：これは、吹雪の季節には記録的なスタートだそうよ。今年は厳しい冬になりそうね。

スティーブ：うーん、旅行はキャンセルしたくないから、違う道を考えないといけないね。

マヤ：全米交通サービスセンターのサイトの情報を見てみるわ。でもチェーンは持っていた方がいいかもしれないわね、2800フィート以上の全ての道路で必要だそうよ。

スティーブ：わかったわかった、言うとおりにするよ。

答え合わせの後で、音声を聞き、一文ずつ止めて声に出して読んでみましょう。

13

3 聞き取りのコツ

● 天気予報と交通情報を一緒に流す意図は?

この放送文は、天気予報とその天候に影響される交通状況のニュースリポートです。天気予報と交通情報が同時に流れるのは、その2つに因果関係があるからで、そこをつかむことがポイントです。

　また、どちらも問題となることは何か、その情報がカバーする範囲はどこか、日時はいつか、さらには聞く人へのアドバイスは何かを聞き取りましょう。なお、ラジオの交通情報は渋滞に関するものが多いのが特徴です。渋滞の理由は「工事」、「車両事故（故障車含む）」、「悪天候」、「イベントやスポーツの試合」、「有名人の訪問」などです。

● 不定詞の受け身に注意

天気予報や交通情報では、何を指示されているのかを聞き取ることが大切です。その際、よく出てくるのが、不定詞の受け身で、例えば、be advised to ～ (～することを勧められる＝～を勧めます)、be required to ～ (～しなければならない＝～を義務付けられています)、be expected to ～ (～だと予想されている＝～でしょう) などをしっかり聞き取りましょう。

● 天気や渋滞について会話をしよう

以下のような会話が、さっとできるといいですね。

A:「京都へ向かう前に交通状況を調べてみたらどうでしょうか?」
　　How about checking the traffic conditions before we head for Kyoto?
B:「交通リポートによれば、交通渋滞はなさそうです」
　　According to the traffic report, there won't be any traffic jams.

A:「高速道路は道路工事で渋滞しています」
　　The highway is congested because of road construction.
B:「私は花火大会で渋滞に巻きこまれました」
　　I got stuck in traffic because of a firework festival.

A:「明日の天気予報はどうですか?」
　　What is the weather forecast for tomorrow?
B:「天気予報では、明日は晴れ時々くもりです」
　　The forecast says it will be sunny with some clouds tomorrow.

A:「雨の可能性は?」
　　What is the chance of rain?
B:「降雨の可能性は0パーセントです」
　　There's 0 percent chance of rain.

Unit
7

▶ 会話を膨らませよう!

What's this news about?（このニュースは何についてですか?）と聞かれたら?
日本語：天候と、天候に影響される交通状況のニュースリポートです。

英語：It is a news report about weather and the impact of the weather on the traffic.

 では英文を見ながら、もう一度、聞きましょう。太字部分は TASK 1 の解答の根拠となる箇所です。注意して耳を傾けましょう。

 12

Early Snowstorm to Disrupt Traffic

Forecasters are warning that the weather for the upcoming Oct. 3-5 weekend is likely to include a severe snowstorm **west of the Shays Mountains**. State highway officials have issued an official severe weather alert for the area, beginning Friday afternoon. Motorists are advised to avoid travel on **Interstate Expressway 18** if possible until further notice. All vehicles traveling **south of the city of Rogers Pass** and **north of Ecker Township** will be required to use snow chains on all wheels. Chains will also be required on all roads above 2,800 feet in elevation. Snow removal, rescue and other emergency vehicles will be on alert. Traffic delays of up to four hours are expected on Interstate Expressway 18, and road closures due to heavy snow and ice conditions are a possibility. Alternative travel route recommendations are available at the National Traffic Service Center website.

Severe snowstorms are common in the late fall and winter west of the Shays Mountains. But according to official weather information, severe storms typically occur from late November through March. The earliest severe snowstorm on record in the area struck on Sept. 30, 1934. This year's storm forecast for Oct. 3-5 is a near-record early start to the storm season, suggesting a severe winter ahead. Stay tuned for the next news after this commercial break.

（ 日本語訳 ）

早すぎる大雪で交通が混乱

天気予報士は、次の週末の10月3日から5日まで、シェイズ山脈の西側で激しい吹雪が発生する可能性があると警告しています。州の高速道路当局は、金曜日の午後から当該地域に公式の荒天警報を発令しました。次のお知らせがあるまでは、ドライバーは可能ならば、州間幹線道路18号線の走行は避けることをお勧めします。ロジャーズ・パス市の南とエッカータウンシップの北を走行する全ての車両は、全車輪にスノーチェーンを使用しなければなりません。チェーンは標高2,800フィート以上の全ての道路にも必要です。除雪やレスキュー、その他の緊急車両が警備に当たります。州間幹線道路18号線は最大4時間の渋滞が予想されており、大雪と氷のために通行止めになる可能性もあります。推奨される代替移動ルートは、全米交通サービスセンターのウェブサイトでご覧ください。シェイズ山脈西側は、晩秋と冬に激しい吹雪がよく見られます。しかし、公式の気象情報によると、激しい吹雪は通常11月下旬から3月にかけて発生します。この地域で記録されている最も早い大雪は、1934年9月30日に発生したもので、10月3日から5日の今年の吹雪予報は、記録更新に近い早いスタートとなり、厳しい冬が予想されます。チャンネルはそのままで、コマーシャルに引き続き次のニュースをお聞きください。

5 リポートの内容について下記の設問に答えましょう。解答と解説、翻訳は次ページにあります。

Q1 Which statement is correct about the severe winter storm in this area?
(A) It is expected to affect the area for the whole of next week.
(B) The residents are warned not to go out in it.
(C) It it unusual to have it at this time of year.
(D) The residents might not be able to call emergency vehicles.

Q2 According to the announcement, what is true?
(A) Drivers are advised not to drive on the Interstate Expressway 18.
(B) The Interstate Expressway is going to be closed.
(C) All vehicles will be required to use snow chains.
(D) Listeners will hear the music program after a commercial.

Q1 正解 C

この地域の厳しい大吹雪について、どの記述が正解ですか?
(A) この地域に、来週いっぱい影響するだろう。
(B) 住人たちは吹雪の中で外出しないように警告されている。
(C) 一年のうち、この時期に来るのは稀である。
(D) 住人たちは緊急車両を呼べないかもしれない。

解説 常識で考えると、すべて可能性がありそうに思えます。冒頭で、「次の週末の10月3日から5日まで」と限定されているので、(A) は間違い。(D) の emergency vehicles は will be on alert(警備に当たります)とあるので、間違い。(B) はそういう記述はありません。near-record early start to the storm season(記録更新に近い早いスタート)とあるため正解は (C) です。

Q2 正解 A

放送によれば何が事実ですか?
(A) 運転手は州間幹線道路18号線を運転しないように勧められている。
(B) 州間幹線道路は閉鎖されるだろう。
(C) 全ての車はスノーチェーンを使わなければならない。
(D) リスナーはコマーシャルの後は音楽番組を聞くだろう。

解説 放送文3文目の Motorists are advised to avoid travel on Interstate Expressway 18 ... を聞き取りましょう。本文中の motorists が drivers に、to avoid travel が not to drive に言い換えられている (A) が正解です。

6 では、以下の文を、音声に続けて口に出して言ってみましょう。なめらかに言えるようになるまで練習してみてください。

🎧 **14**

1. Motorists are advised to avoid travel on Interstate Expressway 18 if possible until further notice.
（ドライバーは可能ならば、州間幹線道路18号線の走行は避けることをお勧めします）

2. Alternative travel route recommendations are available at the National Traffic Service Center website.
（推奨される代替移動ルートは、全米交通サービスセンターのウェブサイトでご覧ください）

3. The earliest severe snowstorm on record in the area struck on Sept. 30, 1934.
（この地域で記録されている最も早い大雪は、1934年9月30日に発生しました）

4. Stay tuned for the next news after this commercial break.
（チャンネルはそのままで、コマーシャルに引き続き次のニュースをお聞きください）

Unit
7

Good job!

Unit 8　都会と田舎、どちらを選ぶ?

 15 　　　　　　　　　　　　　　　**LISTENING**

| 難易度 ●●○○○○ 2 | 300語（普通の長さ） | 意見／スピーチ | 🇺🇸 男 |

> **1** 都会の生活と田舎の生活について、スピーチを聞き、情報を整理するために、まずは日本語で図式化してみます。そのあとで、このスピーチに反論するつもりで、自分の意見も書いてみましょう。　[学習目標時間 30分]

TASK 1

● ページ下の語群の中から適切な言葉を選択し、以下の図を完成しましょう。次ページの「単語のヘルプ」も適宜、参照してください（解答例は p. 84）。

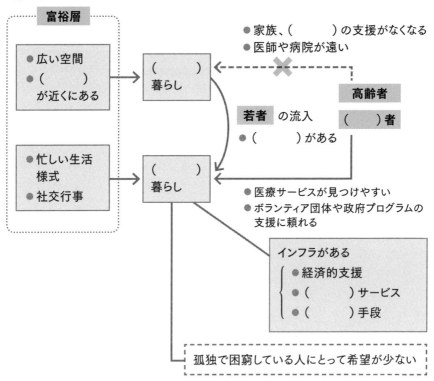 15

● 語群

| 近隣 ／ 医療 ／ 自然 ／ 貧困 ／ 田舎 ／ 交通 ／ 都会 ／ 仕事 |

単語のヘルプ

the wealthy　富裕層

little more than 〜　〜に過ぎない

personal preference　個人の好み

value 〜　〜を重視する・〜を尊ぶ

disappearance　いなくなること

indicate 〜　〜を示す

be on the rise　上昇する

attitude　姿勢

along with 〜　〜と共に

infrastructure　生活の基礎となる設備（電気・ガス・水道・鉄道・道路など）

In other words,　言い換えれば

vital　重要な

turn to 〜　〜に頼る

2 以下のチャンクに気を付けながら、もう一度、音声を聞きましょう。聞き取れたら□にチェックを入れましょう。

🎧 **15**

☐ there is a general feeling that 〜　〜という一般的な感覚がある

☐ there is one advantage to city living　都市生活の利点が1つある

☐ larger networks of financial support, healthcare services　経済援助、医療サービスなどの、より大きなネットワーク

☐ and, in most cases, methods of transportation　そしてほとんどの場合は交通手段も

☐ can be far away　遠く離れているかもしれない

☐ is easier to find　見つけやすい

☐ There is no denying that 〜　〜は否定できない

☐ less than friendly　友好的とは決して言えない

☐ fall through the cracks in the system　システムの中で見過ごされる

Unit
8

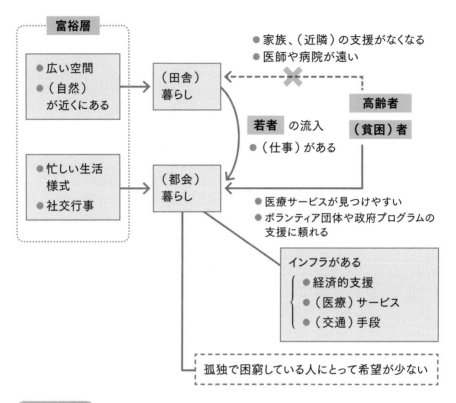

TASK 2

● 以下に、都会が良いという主張への反論が日本語（赤字）で挙げられています。これらを整理し直し、つなぎ合わせて、「田舎暮らしの方が好き」という主張のスピーチ原稿を150語程度で書きましょう。解答例は次ページにあります。

1. 行事や生活のテンポ

   都会：People who value social events and a busy life will generally choose urban areas.

   田舎：① より多くの伝統行事に参加できる。／② 広い空間でゆったりした生活が、自然の近くで送れる。

2. インフラ

   都会：... urban areas have a large network of financial supports, health services ... methods of transportation.

田舎：① 生活費が安く、住宅や土地も安価。／② 家族全員を診てくれる、信頼のおけるかかりつけ医がそばにいる。／③ 交通渋滞や騒音がないので、ストレスの少ない生活が送れる。

3. 弱者の救済

   都会：people who need help can turn to volunteer organizations or government programs.

   田舎：人同士のつながりが強く、知らない人がいないのでお互いに助け合うことがよくある。

4. 雰囲気

   都会：There is no denying that the city can be lonely, and sometimes less than friendly.

   田舎：関係が緊密すぎて、人間関係を面倒だと思うことも否めない。

解答欄

Unit
8

I prefer country life to city life for the following three reasons.

The first reason is that in rural areas, there are a lot more traditional events that we can get involved in. I think that tradition should be handed down from the elderly to the young.

The second reason is that living costs in the countryside are much lower. The costs of housing and land are lower, too.

The third reason is that life is less stressful in the country. There is a much stronger bond among residents, and we often help each other out. We have a reliable family doctor near our house whom our whole family can go to see. There isn't any traffic congestion or noise pollution either.

I cannot deny that these strong relationships can sometimes feel too close, but I prefer living in a rural area for the three reasons I've given.

(日本語訳)

私は次の3つの理由で、都会の生活よりも田舎での生活が好きです。

1つ目の理由は田舎ではよりたくさんの、私たちが参加できる伝統的な行事が開催されるからです。そうした伝統は高齢者から若者に受け継がれるべきです。

2つ目の理由は、田舎では生活コストがより安価だということです。住宅や土地も、都会より安いです。

3つ目の理由は田舎の方がストレスの少ない生活が送れます。住民たちの絆がより強く、お互いに助け合うことがよくあります。家の近くには家族全員が見てもらえる、信頼できる、かかりつけ医がいます。交通渋滞や騒音も少ないです。

こうした強い関係が、時に窮屈に感じられることも否めません。しかし、こうした3つの理由から、私は田舎での生活の方が好きです。

答え合わせの後で、音声を聞き、一文ずつ止めて声に出して読んでみましょう。

 16

3 聞き取りのコツ

● TASK 2のスピーチの作り方のポイント、話し方のポイント

まず、「私は田舎暮らしが好きです」という主張を述べ、次にその理由を挙げます。2点か3点がベストです。最後に再び主張を繰り返します。つまり1. Introduction 2. Main body 3. Conclusionの順番です。Main bodyはこの解答例のようにThe first reason is 〜, The second reason is 〜, The third reason is 〜, や、Firstly, Secondly, Thirdlyなど文頭で順番を示します。話す際には少しジェスチャーをつけ、感情を込めて、重要な点は大きな声で、間の取り方に気をつけるとよいでしょう。

● whetherと不定詞の組み合わせ

whetherは、whether he buys a new house（彼が新居を買うかどうか）のように、直後にAかBの2つの可能性を言います。また、不定詞を組み合わせる用法もあります。冒頭にあるFor the wealthy, the question of whether to live in the city or the countryside is ...（富裕層にとって、都会と田舎のどちらかに住むかという問題は……）が、その例です。他にもwhetherを使った例を学習しましょう。

日本語：私は、行くべきか留まるべきか、決めかねています。

英語：　I haven't decided whether to go or stay.

● ディスコースマーカーに注意!

ディスコースマーカーの中でも特に、結果タイプのAs a resultや言い換えタイプのin other wordsの後には内容全体に関わるキーポイントが来るので注意しましょう。

2段落目の冒頭、Unfortunatelyで若者の田舎離れが増加していることを必然性という観点から述べ、As a result, there is a general feeling that city life is for the young and rural life is for the old.（その結果、都会の生活は若者向け、田舎の生活は高齢者向けという一般的な感覚がある）と、結論を語っています。

放送文の中程でインフラについて述べ、直後に、In other words, urban areas have a larger networks of financial support, healthcare services ... methods of transportation.（言い換えれば、都市部には経済援助、医療サービス、交通手段のより大きなネットワークがある）と、具体例を挙げて話しています。

● thanを示さない比較

対立する2つの物を比べる場合の基本形は、「形容詞・副詞の比較級＋than 〜」です。例えば、In the city, medical care is easier to find.（都会の方が医療が見つけやすい）にはthanは使われていません。話の流れから、「田舎に比べて」という比較対象を明示する必要がない場合はthan 〜を入れなくてもOKです。

Unit
8

他の比較の例では、prefer A to B (B よりも A を好む) もあります。prefer は 2 つの物を比べて「〜の方を好む」と表現する場合の便利な表現です。お決まりの例文ですが、I prefer coffee to black tea. (私は紅茶よりコーヒーが好きです)、He prefers watching baseball to playing it. (彼は野球をやるより、観戦する方が好きです) のように使います。

● 「the +形容詞」は名詞
冒頭から登場しますが、the wealthy は wealthy people、the elderly は elderly people, the poor は poor people を意味します。

● vital の意味に注意
For the elderly and the poor, these things are vital. (高齢者や貧困層にとって、これら [インフラの具体例] は重要だ) と続きます。vital は形容詞で「きわめて重要な・生命の」を意味します。名詞は vitality で、「バイタリティー」は日本語にもなってますね。

● There's no 〜ing (〜することができない) の構文に慣れよう
この後には、通常、that 節や名詞が続きます。英文では 5 段落目の冒頭に There is no denying that the city can be lonely and sometimes less than friendly. (都会に住むことが孤独で、時に友好的とは決していえないことも否定できません) とあります。no も deny も less も否定の意味の単語なので、全体として何が言いたいかをしっかりつかみましょう。

Tips ▶ 表現を膨らませよう!

親から、田舎に帰って農業を継ぐように言われた場合、自分の決意を話してみましょう。
【継がない場合の解答例】
日本語：農業は特別なスキルが必要なので、今の仕事を続けることに決めました。それに子供たちのためにも町に住みたいのです。なぜなら教育の機会が多いからです。

英語：I've decided to keep my current job, because farming requires special skills. In addition to that, I want to live in the city for my children, because there are more educational opportunities there for them.
【継ぐ場合の解答例】
日本語：私は会社を辞めて故郷に帰ることに決めました。農業を継ぐことは、とても大切なことだと思います。それに、田舎の方が安全な生活が送れるので、子どもたちのためにも田舎に住みたいのです。

英語：I decided to leave the company and return to my hometown. I believe it is very important to take over the farming. Also, I want to live in the countryside for my children because we can live a safer life there.

 では英文を見ながら、もう一度、聞きましょう。太字部分は、TASK 1 の解答の根拠となる箇所です。注意して耳を傾けましょう。

 15

For the wealthy, the question of whether to live in **the city or the countryside** is little more than personal preference. People who value having a lot of space and being **close to nature** will choose rural living. People who value social events and a busy lifestyle will generally choose urban areas.

Unfortunately, the choice is not so easy for everyone. The disappearance of young people from rural towns and villages indicates that urban life is on the rise. This is more a matter of necessity than preference. **Cities have jobs, and young people need those jobs.** As a result, there is a general feeling that city life is for the young and rural life is for the old.

That attitude may be changing. Along with a greater number of jobs, there is one advantage to city living that the countryside finds difficult to offer — infrastructure. In other words, urban areas have larger networks of financial support, **healthcare services**, and, in most cases, methods of **transportation**.

For **the elderly and the poor,** these things are vital. Traditionally, in rural areas, the elderly and poor have been **supported by family and neighbors**. But as rural communities grow smaller, they can often find themselves alone. In the city, people who need help can turn to volunteer organizations or government programs. And for the elderly, rural doctors and hospitals can be far away and difficult to get to. In the city, medical care is easier to find.

There is no denying that the city can be lonely and sometimes less than friendly. Indeed, many poor and elderly people fall through the cracks in the system every day. However, in the same way that young people turn

Unit
8

to the city to find a job, urban areas can offer a little hope to people who are alone and in distress.

(**日本語訳**)

富裕層にとって、都会と田舎のどちらに住むかという問題は、ほとんど個人の好みにすぎません。広いスペースと自然に近い場所で生活することを重視する人々は田舎での生活を選ぶでしょう。社会的な行事やにぎやかな生活を重視する人は、都市部を選ぶのが一般的です。

残念ながら、その選択はすべての人にとって簡単であるとは限りません。田舎の街や村から若者がいなくなることは、都市生活が増加することを示しています。これは好みというよりも必要性の問題です。都市には仕事があり、若者はその仕事を必要としています。その結果、都会の生活は若者向け、田舎の生活は高齢者向けという一般的な感覚があるのです。

その姿勢は時とともに変わっていくかもしれません。仕事の数が多いのに加えて、田舎では提供するのが難しいとされている都市生活の利点が1つあります。それはインフラです。言い換えれば、都市部には経済援助、医療サービス、そしてほとんどの場合、交通手段のより大きなネットワークを持っています。

高齢者や貧困層にとって、これらは重要です。伝統的に田舎では、高齢者や貧困層は家族や隣人によって支えられてきました。しかし、村落が小さくなるにつれて、高齢者たちは、一人きりであることに気づくことが多いのです。都会では、助けを必要とする人々はボランティア団体や政府のプログラムに頼ることができます。また、高齢者にとって、田舎の医師や病院は遠く離れていて、行きにくい場合があります。都会の方が医療が見つけやすいのです。

都会に住むことが孤独で、時に友好的とは決して言えないことも否定できません。確かに、多くの貧困者や高齢者が、システムの中で、毎日見過ごされています。しかし、仕事を求めて都会に向かう若者に対するのと同様に、都会は孤独で困っている人たちに、ほんの少しの希望しか与えてくれないのです。

5 英文の内容について下記の設問に答えましょう。解答と解説、翻訳はこの下にあります。

Q1 According to the speech, why do young people prefer to live in urban areas?
(A) They do not like being close to nature.
(B) There are more job opportunities than in the countryside.
(C) They think that rural areas are for the old.
(D) They do not want to have a long commute to work.

Q2 According to the speech, what is one of the disadvantages of living in a rural area?
(A) Hospitals are far away and difficult to get to.
(B) People have to cultivate the land.
(C) It is difficult to understand human relations.
(D) People have to participate in volunteer activities

解答と解説

Q1 正解 B
スピーチによれば、なぜ若者たちは都心部に住むことを好むのですか？
(A) 彼らは自然に近いことを好まないから。
(B) 田舎より都会の方が仕事の機会が多いから。
(C) 彼らは田舎は高齢者が住むものだと思っているから。
(D) 彼らは通勤時間に時間をかけたくないから。

解説 2段落目の4行目のCities have jobs, young people need those jobs. や放送文最後の文のHowever, ... young people turn to the city to find a job, ... が聞き取れれば、田舎より都心部の方が仕事の機会が多いと繰り返し述べているので、正解は (B) です。

Unit **8**

Q2 正解 A
スピーチによれば、田舎に住む不利な点の一つは何ですか？
(A) 病院が遠くて、行きづらい。
(B) 土地を開拓しなければならない。
(C) 人間関係を理解することが難しい。
(D) 人々はボランティア活動に参加しなければない。

解説 4段落目の最後の方のrural doctors and hospitals can be far away and difficult to get to. が聞き取れれば、(A) が正解とわかります。far away（ファーラウェイ）やget to（ゲットゥ）が聞き取れるかどうかがポイントです。

🎧 17　　　　　　　　　　　　　　　　　　　　　　　　**LISTENING**

難易度 ●●●○○○ 2　　　180語（短い）　　IT／ニュース　🇬🇧 男

TASK

1 あなたは、個人情報のハッキングについてのニュース速報を聞いています。いつ、どこで、何があったのか、5W1Hに注意して内容を理解しましょう。　　　　　　　　　　　　　　　　[学習目標時間 20分]

● 音声をよく聞いて、以下の空欄を日本語で埋めましょう。次ページの「単語のヘルプ」を見ながら聞いても構いません（解答は p. 94）。

🎧 17 ··●

	WHEN （いつ） 【_____】	
HOW （どのように） 【_____ _____】 **WHY** （なぜ） 【　不明　】	**5W1H**	**WHERE** （どこで） 【ペンティング・インダストリーズのデータベースで】 **WHO** （だれが） 【_____ _____】
	WHAT （何が） 【_____ _____】	

【 単語のヘルプ 】

Penting Data Industries　ペンティング・データ・インダストリーズ
announce　発表する
sensitive information　機密情報
credit card account　クレジットカード口座
illegally　不正に
according to ～　～によると
gain access to ～　～にアクセスする
point reward program　ポイント還元プログラム
weakness　脆弱性
National Dara Security Agency　全国データセキュリティ機関
by itself　それ自体では
harm　危害
in combination with ～　～と併用して
leak　流出する

2 以下のチャンクに気を付けながら、もう一度、音声を聞きましょう。聞き取れたら □ にチェックを入れましょう。

🎧 17 ....

☐ a data processing service provider, announced on Monday　データ処理サービスを提供する企業が月曜日に発表した

☐ a body of data containing sensitive information　機密情報を含むデータ本体

☐ may have been accessed illegally　不正アクセスされた可能性がある

☐ unknown computer users outside the company　社外の不明のパソコン利用者

☐ appear to have gained access to the data　データにアクセスしたようだ

☐ by illegal use of security codes　セキュリティコードを不正に使用して

☐ the weakness in the security system　セキュリティシステムの脆弱性

☐ cannot, by itself, be immediately used to cause harm　それ自体では、すぐに危害を加えるために利用されることはない

☐ in combination with any other sensitive data　他の機密データと併用して

Unit
9

	WHEN （いつ） 【 月曜日 】	
HOW （どのように） 【セキュリティコードを不正に使用して】	**5W1H**	WHERE （どこで） 【ペンティング・インダストリーズのデータベースで】
WHY （なぜ） 【 不明 】		WHO （だれが） 【社外の不明のコンピューターユーザーが】
	WHAT （何が） 【（クレジットカード口座の機密情報を含む一連のデータが）違法アクセスされた】	

どれくらいできた？
次のページに GO！

3 聞き取りのコツ

● ニュース英語で一番大切なのは?

ニュース英語では、結論がまず冒頭の第1文に出てくるので、ここを聞き逃さないこと。次に5W1Hをとらえて、輪郭を正しくつかみましょう。

　次に大切なのは、それぞれの出来事が事実として確定しているものなのか、あるいは仮定や推量なのかをしっかり聞き取ることです。例えば、unknown computer users outside the company appear to have gained access to the dataでは、appear to ～(～のように思われる)が使われているので、現時点では何がなされたかは確定していないことを示しています。それとは対照的に、例えばthe data had only been accessed onceでは、可能性や推量を示す表現が使われていないので、「データへのアクセスは一度だけ」は、確定している事実です。

● 時制の一致の例外

Daniel Nunes ... said that the stolen information cannot, by itself, be immediately used to cause harm.のように、事実を伝えることを強調したい場合、"could"を使わず、このように現在時制(cannot)を使います。

● according to ～ の使い方

according to ～(～[人の話・文献・調査など]によれば)は、ニュースでよく使われる前置詞句です。ここでは、According to Penting Industries spokesperson Dana Masters ...に出てきます。according to が文頭ではなく文中に出てくる場合は、He arranged the books on the shelf according to their size.(本棚の本を大きさに合わせて並べた)のように、「…に応じて」という意味になります。

Tip ▶ 表現を膨らませよう!

Unit
9

こんなことを話せるようになりましょう。

「機密性の高い個人情報は、ソーシャルメディアに絶対に投稿しないでください」

英語訳:Never post sensitive personal information on social media.

　この場合のsensitiveは「敏感な、神経質な」ではなく、「機密の」の意味になります。

4 では英文を見ながら、もう一度、聞きましょう。太字部分はTASKの解答の根拠となる箇所です。注意して耳を傾けましょう。

🎧 **17** ···•

Hackers Access Credit Card Database

Penting Data Industries, a data processing service provider, **announced on Monday** that a **body of data containing sensitive information from over 4 million credit card accounts** may have been **accessed illegally**.

According to Penting Industries spokesperson Dana Masters, **unknown computer users outside the company** appear to have gained access to **the data by illegal use of security codes**. She added that the database did not contain credit card numbers or account passwords. It did, however, contain the names and birth dates of about 4.2 million members of several credit card point reward programs. Masters said that the data had only been accessed once and that the names were not directly linked to the birth dates. The weakness in the security system had been immediately corrected, she said.

Daniel Nunes, a senior data security inspector at the National Data Security Agency, said that the stolen information cannot, by itself, be immediately used to cause harm. But he added that it could be used for illegal purposes in combination with any other sensitive data that might leak in the future.

（ **日本語訳** ）

ハッカーがクレジットカードのデータベースにアクセス

データ処理サービスを提供するペンティング・データ・インダストリーズは月曜日、400万件以上のクレジットカード口座の機密情報を含むデータ本体が不正にアクセスされた可能性があると発表しました。

ペンティング・インダストリーズの広報担当者であるダナ・マスターズ氏によると、社外の不明のコンピューターユーザーがセキュリティコードを不正に使用してデータにアクセスしたようです。また、データベースにはクレジットカード番号や口座のパスワードは含まれていなかったと付け加えました。しかし、いくつかのクレジットカードのポイント還元プログラムの約420万人の会員の名前と生年月日は含まれていました。マスターズ氏によると、データへのアクセスは一度だけで、アクセスされたデータベースでは、名前と生年月日は直接リンクされていなかったそうです。セキュリティシステムの脆弱性はすぐに修正された、とマスターズ氏は述べました。

全国データセキュリティ機関の上級データセキュリティ検査官ダニエル・ヌネス氏は、盗まれた情報は、それ自体では、すぐに危害を加えるために利用されることはないと述べました。しかし、将来的に流出するかもしれない他の機密データと併用して、違法な目的に利用される可能性があると付け加えました。

5 ニュースの内容について下記の設問に答えましょう。解答と解説、翻訳はこの下にあります。

Q1 What kind of data was illegally accessed?
(A) Phone numbers
(B) Credit card numbers
(C) Credit card account passwords
(D) Birth dates

Q2 How many times was the data illegally accessed?
(A) one time　　　　(B) two times
(C) three times　　(D) four times

解答と解説

Q1 正解 D
どんな種類のデータが不正にアクセスされましたか?
(A) 電話番号　　　　　　　　　　(B) クレジットカード番号
(C) クレジットカード口座のパスワード　(D) 生年月日

解説 第2段落の ... the database did not contain credit card numbers or account passwords. から、不正にアクセスされたデータにはクレジットカード番号や口座のパスワードが含まれていなかったことがわかります。次に、It did, however, contain the names and birth dates of about 4.2 million members of several credit card point reward programs"(しかし、いくつかのクレジットカードのポイント還元プログラムの約420万人の会員の名前と生年月日は含まれていました)が聞き取れれば "Birth dates" が不正アクセスされたことがわかり、正解は (D) です。

Q2 正解 A
そのデータベースは何回、不正アクセスされましたか?
(A) 1回　　(B) 2回
(C) 3回　　(D) 4回

解説 データベースが不正アクセスされた回数が問われています。第2段落の、"Masters said that the data had only been accessed once"が聞き取れれば、正解は (A) だとわかります。

Unit
9

18-19   **LISTENING**

難易度 ●●●●●● 3   300語（普通の長さ）   環境／説明   🇬🇧 男

1 あなたは植物を守るための環境保護講習会に出席しました。ノートを完成
させ、英語が苦手な台湾出身のクラスメートに、講習会の内容を要約して
伝えましょう。   [学習目標時間 20分]

TASK 1

● 講義の内容をノートに取りました。音声をよく聞いて、ページ下の語群から図解の
カッコに適切な単語を入れて完成させましょう。次ページの「単語のヘルプ」も適
宜、参照してください（解答は p. 100）。

18 ···

native
species

non-native
species

( )

gardens
by planting
bamboo/ holly

forests, deserts and
other natural habitats
carry (   ) or grass by
yourself or by your pets

↓

Don't carry plants or wood from one area to another.
Clean your (   ) and gear before and after a wilderness trip.
Check your pets' (   ) and fur.

● 語群

invasive / intensive / seeds / leaves / hands / clothes / paws / teeth

単語のヘルプ

exotic　外来の

non-native plant　非在来植物

native species　在来種　＊species は「動植物分類上の種類」で単数形も複数形も同じ。
non-native species は「非在来種」。

arise　生じる	invasive　侵略的な
distinction　相違	displace ～　～にとって代わる
dispute　争い	aggressive　攻撃的な
underground　地下	holly　ヒイラギ
endangered　絶滅危惧の	alternatives　代替物
natural habitat　自然生息地	accidental　偶然の
camping gear　キャンプ用品	paw　動物の爪のある足

2 以下のチャンクに気を付けながら、もう一度、音声を聞きましょう。聞き取れたら□にチェックを入れましょう。

🎧 18

☐ are not necessarily harmful　必ずしも有害ではない

☐ with human help　人間の手で

☐ serious dispute with your neighbor　隣人との深刻な争い

☐ spreads its tough, aggressive root system underground　頑丈で攻撃的な根系を地下に広げる

☐ produces seeds　実をつける

☐ displaces endangered native plants　絶滅の危機に瀕した在来植物に取って代わる

☐ are also vulnerable to ～　もまた～の危険にさらされる

☐ stick to your hiking shoes and socks　あなたのハイキングシューズや靴下にくっつく

☐ before and after a wilderness trip　荒れ地への遠出の前後に

☐ What goes for you　あなたに当てはまること

☐ Once inside the forest or other natural habitat　森林やその他の自然生息地に入ったら

Unit
10

99

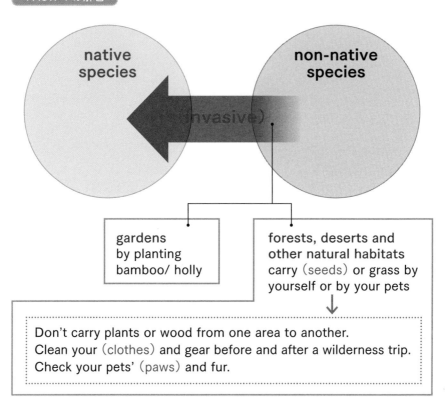

native species

non-native species

(invasive)

gardens
by planting
bamboo/ holly

forests, deserts and
other natural habitats
carry (seeds) or grass by
yourself or by your pets

↓

Don't carry plants or wood from one area to another.
Clean your (clothes) and gear before and after a wilderness trip.
Check your pets' (paws) and fur.

どれだけ
できたかな？

TASK 2

● 英語があまり理解できない台湾出身のクラスメートのシンディに、講義の内容を説明します。以下の会話文のカッコに適切な単語を入れましょう。

Cindy: What the lecturer told us was that native species are good and non-native species are bad, right?

You: No, no. Non-native species are only bad when they're (   ). For example, if you plant non-native (   ) bamboo near your neighbor's yard, its tough, aggressive root system will go underground and it might damage your neighbor's native plants. Another example is (   ) holly. Birds eat its (   ) and fly to distant areas and drop them. The (   ) grow, and the new plants can (   ) endangered native plants in these other places.

Cindy: Oh, that's scary. But I'm not going to plant non-native plants in my garden anyway.

You: It's not that simple. When you go camping in the forest or other (   ) (   ), (   ) will stick to your shoes or socks, or they could end up in your camping gear.

Cindy: I don't go camping, but I sometimes walk my dogs in the forest.

You: The lecturer said you should always (   ) your clothes and gear before and after you go into a forest. And check your dogs' (   ) and fur for clinging grass and plant (   ), too.

Cindy: And what did he say about picking wild flowers there? Would that be OK?

You: I don't think so. They may contain (   ) that are (   ) to living trees, so you shouldn't move any plants or pieces of wood from one area to another. The (   ) in them can cause more widespread damage.

Cindy: I'm going to read my lecture notes again tonight. There was a lot of important and useful information in that lecture.

Unit
10

Cindy: What the lecturer told us was that native species are good and non-native species are bad, right?

You: No, no. Non-native species are only bad when they're (invasive). For example, if you plant non-native (invasive) bamboo near your neighbor's yard, its tough, aggressive root system will go underground and it might damage your neighbor's native plants. Another example is (invasive) holly. Birds eat its (seeds) and fly to distant areas and drop them. The (seeds) grow, and the new plants can (displace) endangered native plants in these other places.

Cindy: Oh, that's scary. But I'm not going to plant non-native plants in my garden anyway.

You: It's not that simple. When you go camping in the forest or other (natural) (habitats), (seeds) will stick to your shoes or socks, or they could end up in your camping gear.

Cindy: I don't go camping, but I sometimes walk my dogs in the forest.

You: The lecturer said you should always (clean) your clothes and gear before and after you go into a forest. And check your dogs' (paws) and fur for clinging grass and plant (seeds), too.

Cindy: And what did he say about picking wildflowers there? Would that be OK?

You: I don't think so. They may contain (insects) that are (harmful) to living trees, so you shouldn't move any plants or pieces of wood from one area to another. The (insects) in them can cause more widespread damage.

Cindy: I'm going to read my lecture notes again tonight. There was a lot of important and useful information in that lecture.

(**日本語訳**)

シンディ：先生がおっしゃったのは、在来種は良いもので、非在来種は悪いものっていうことよね？

あなた：いや、違うよ。非在来種は侵略的である時だけ、悪いものになるんだ。例えば君が非在来種の侵略的な竹を、隣の家の庭の近くに植えたら、頑丈で攻撃的な根が地下に延び、お隣の在来種をダメにするかもしれない。別の例では、侵略的なヒイラギだ。鳥がその実を食べて遠くまで飛んで行き、そこに落とす。実が成長して、新しい苗が、そこにある在来種の絶滅危惧種に取って代わるかもしれないんだ。

シンディ：それは怖いわね。でも私は、家の庭に非在来種を植えたりしないわよ。

あなた：そう簡単なことではないんだ。森や他の自然生息地にキャンプに行くと、実が靴や靴下にくっついたり、キャンプ用具の中に入り込んだりするからね。

シンディ：私はキャンプには行かないけど、時々、森に犬たちを散歩に連れて行くわ。

あなた：先生は森に行く前と後、服と用具を必ず清掃することって言っていたよ。それから、葉や

植物の種子がくっついていないか犬の足や毛を調べるように、って。

シンディ：野生の花を摘むことはどう言っていた？　それは大丈夫なの？

　あなた：そうは思わないね。生きている木々に有害な虫がいるかもしれないから、植物や木をあったところから、一切動かすべきではないんだ。その虫たちは、もっと広範囲な損害を与えるかもしれないからね。

シンディ：講義ノートを今晩、読み直してみるわ。講義には重要で、役に立つ情報がたくさんあったのね。

答え合わせをした後に、音声を聞きましょう。

 19

3 聞き取りのコツ

ここではnative species（在来種）とnon-native species（非在来種）という、対立する単語をしっかり聞き取ることがポイントです。

● 逆接の接続詞による強調

Although（〜だけれども）の直後の部分や、ButやHoweverに続く部分は重要です。例えば、Althoughの後には、non-native species are not necessarily harmful.（非在来種は必ずしも有害ではない）とあり、この部分を聞き取るのが全体の内容をつかむキーとなります。また、このnot necessarilyや、not always〜（必ずしも〜でない）といった部分否定も大切です。資格試験などでは、これらを問う問題がよく出されます。

● go for you の成句を覚えよう

(What goes for you,) goes for your pets. を聞き取りましょう。goes for you を使って、例えば、The same goes for you.（あなたにも同じことが言える）のように言います。また、この文中で言われていることもgo forを使って言い換えられます。　例：You have to clean your clothes before and after visiting the natural habitats and that goes for everyone.（自然生息地を訪れる前と後は服を清掃しなければなりません、そしてそれは全ての人に当てはまります）。

● always で命令文を強調

副詞のalwaysは、文頭に来ることはありません。ただし、命令文だけは別で、文頭について、命令の意図を強めます。例：Always clean your clothes and gear before and after a wilderness trip.（荒れ地への遠出の前後には、必ず衣服と用具を清掃してください）

● species（[動植物分類上の] 種）の使い方に注意!

speciesは、単数形も複数形も同じです。例えばThis is a new species of bird.（これは新種の鳥だ）のように言います。他にも、「絶滅危惧種」を意味するendangered speciesや、「絶滅種」のextinct speciesなどを覚えておきましょう。

▶ 話題を広げて話そう！

以下の日本語を英語にしてみましょう。

「外国産のペットを飼う人の数が増えています。処分したくなったとしても、それらを野生に放ってはいけません。生態系に悪いからです」

The number of people who keep exotic pets has been increasing. They must not release them into the wild even if they want to get rid of them. It is bad for our ecosystem.

 では英文を見ながら、もう一度、聞きましょう。太字部分は TASK 1 の解答の根拠となる箇所です。注意して耳を傾けましょう。

 18

Non-native and Invasive Plants

Beautiful exotic flowers and other non-native plants have always been popular with gardeners. Although gardeners are often encouraged to plant **native species**, **non-native species** are not necessarily harmful. Problems only arise when a non-native plant is **invasive**.

The distinction is important. "Non-native" simply means that a plant has been introduced to a certain area with human help. But "invasive" indicates a non-native species that can displace native species. For example, if you **plant invasive bamboo** near your neighbor's yard, the result can be a serious dispute with your neighbor, as the plant spreads its tough, aggressive root system underground. Another example is **invasive holly**, which produces seeds that birds eat, carry to distant areas and drop. The seeds grow, and holly aggressively displaces endangered native plants. Local nurseries can provide more information on how to avoid invasive plant species and choose native plant alternatives.

In addition to gardens, forests, deserts and other natural habitats are also vulnerable to invasive species. In general, **you should think of yourself as a possible accidental carrier** of aggressive species of plants and insects that can harm native plants. Invasive grass seeds can stick to your hiking shoes and socks or end up in your camping gear. Always **clean your clothes and gear before and after a wilderness trip**. What goes for you **goes for your pets as well. Check their paws and fur** for

Unit
10

any clinging grass and plant seeds before entering and leaving forest areas.

Once inside the forest or other natural habitat, **do not carry any plants or pieces of wood from one area to another**. Wildflowers or deadwood may contain insects that are harmful to living trees. When people move them around in the forest, they can cause more widespread damage. For more information, visit a tourist information center or the wildlife service website.

(**日本語訳**)

　美しい外来の花や他の外来植物は、常に園芸家に人気があります。園芸家はしばしば在来種を植えることを奨励されますが、外来種は必ずしも有害ではありません。非在来種が侵略的である場合にのみ問題が生じるのです。

　その区別は重要です。「非在来種」とは単に、ある地域に人間の手で導入された植物を意味します。しかし、「侵略的」とは、在来種に取って代わる非在来種を意味します。例えば、侵略的な竹を隣の家の庭の近くに植えた場合、その植物が頑丈で攻撃的な根系を地下に広げるため、隣人との深刻な争いをもたらしかねません。もう1つの例は侵略的ヒイラギで、鳥が食べる実をつけ、そして鳥は実を遠くの地域に運び、落とします。実は成長し、ヒイラギは絶滅の危機に瀕した在来植物に積極的に取って代わります。地元の苗床は、侵入植物種を回避し、在来植物代替物を選択する方法に関するより多くの情報を提供します。

　庭園に加えて、森林、砂漠、その他の自然生息地も侵入種の危険にさらされます。一般的に、あなたは自分自身を、在来植物に害を与える、攻撃種の植物や昆虫の思いがけない運び屋になる可能性があると考えてください。侵略的な草の種は、あなたのハイキングシューズや靴下にくっついたり、キャンプ用品の中に隠れたりします。荒れ地への遠出の前後には、必ず衣服と用具を清掃してください。あなたに当てはまることはあなたのペットにも当てはまります。ペットの足裏や毛に草や植物の種がくっついていないかチェックしてください。

　森林やその他の自然生息地に入ったら、植物や木をある場所から別の場所に運ばないでください。野生の花や枯れ木には、生木に有害な昆虫が生息していることがあります。人々がそれらを森の中で移動させると、より広範囲の被害を引き起こす可能性があります。詳細については、観光案内所または野生生物サービスのウェブサイトをご覧ください。

5 英文の内容について下記の設問に答えましょう。解答と解説、翻訳はこの下にあります。

Q1 According to this lecture, what is true?
(A) Hikers should not take their pets to natural habitats.
(B) Some non-native plants are invasive, but others are not.
(C) Hikers have to wear protective clothes.
(D) Planting non-native plants is prohibited in some areas.

Q2 What are visitors to natural habitats advised to do?
(A) To visit natural habitats early in the morning.
(B) To not speak in a loud voice.
(C) To clean their clothes before and after their visit.
(D) To not move around the forest.

解答と解説

Q1 正解 B
この講義によれば何が真実ですか?
(A) ハイキングに行く人はペットを自然生息地に連れて行ってはいけない。
(B) 非在来種には侵略的なものもあれば、侵略的でないものもある。
(C) ハイキングに行く人は防御服を着用しなければならない。
(D) いくつかの地域では非在来種を植えることは禁じられている。

解説 2文目の non-native species are not necessarily harmful. が聞き取れて、not necessarily ~(必ずしも~ない)の意味が理解できていれば non-native plants(非在来種)の中には侵略的なものとそうでないものがあるのがわかります。正解は (B) です。

Q2 正解 C
自然生息地への訪問者は、何をアドバイスされていますか?
(A) 早朝に自然生息地を訪れること 。
(B) 大声で話さないこと。
(C) 出かける前後には衣類をきれいにすること。
(D) 森林を動き回らないこと。

解説 Always + 命令文の聞き取りがポイントです。Always clean your clothes and gear before and after a wilderness trip.(荒れ地への遠出の前後には、必ず衣服と用具を清掃してください)を聞き取れれば、正解は (C) とわかります。

Unit
10

Unit 11　地元書店の生き残り術

 20

 LISTENING

難易度 ●●●●● 4 ┃ 313語（普通の長さ） ┃ ビジネス／ドキュメンタリー ┃ 🇺🇸 女

> **1** あなたは、小規模書店がオンライン書店に対抗していかに生き残っていくかについて、ドキュメンタリー番組を聞いています。この内容を参考にして、同じように苦闘している地元の食料品店の店主にアドバイスのメールを書きましょう。　　　　　　　　　　　　　[学習目標時間 20分]

TASK 1

● アドバイスを書く前に、メモの準備をします。音声をよく聞いて、以下の空欄を埋めましょう。次ページの「単語のヘルプ」も適宜、参照してください（解答例は p. 110）。

 20 ⋯⋯⋯⋯⋯⋯⋯⋯⋯⋯⋯⋯⋯⋯⋯⋯⋯⋯⋯⋯⋯⋯⋯⋯⋯⋯⋯⋯⋯⋯⋯⋯●

---

1. ニューヨーク州ウィッキーにあるセラー・ブックス社の場合

・新刊・中古・古書本を（how:　　　　　　　　　）配達して市場を開拓している。

・本を直接手渡されるという（what:　　　　　　　　　　）をとても大切にしている。

・顧客の多くは（who:　　　　）である。

2. カリフォルニア州ロスリンのコロラトゥラ・ブックセラーズの場合

・ネット上で客の好みを聞き、（what:　　　　　　　　　　　）を数日間貸し出す。彼らは（what:　　　　　　　）と約束している。

・彼らは、本棚を見たり、（what:　　　　　　　　）、ちょっとした発見をしたりすることを楽しんでいたので、それを自宅で再現してもらっている。

・店内でのブッククラブミーティングの代わりに、毎週、（where:　　　　　　　　）でディスカッションを行っている。

単語のヘルプ

retail business　小売企業　＊ retailer も同じ意味。

foot traffic　客の出入り

adapt　適応する

in-store customer　店内の顧客

cozy corner　居心地の良い片隅

retain 〜　〜を維持する

physical bookstore　従来の書店　＊ physical shelf は「実際の本棚」。

home delivery　宅配

thriving local market　繁栄する地元市場

insist on 〜　〜を主張する・〜にこだわる

browse 〜　〜を見て回る

replicate 〜　〜を再現する

run 〜　〜を運営する

strategy　戦略

survive and thrive　生き残って繁栄する

intimate knowledge　詳しい知識

---

2 以下のチャンクに気を付けながら、もう一度、音声を聞きましょう。聞き取れたら□にチェックを入れましょう。

🎧 20

□ keep business going　ビジネスを継続させる

□ by delivering to customers　顧客に届けることで

□ old-fashioned physical bookstore can provide　昔ながらの従来の書店が提供できる

□ discovered a strong demand for home delivery　宅配に大きな需要を見い出した

□ the personal touch of having us deliver by hand　私たちから手渡しされるという触れ合い

□ lend up to 12 recommended books　お薦めの本を12冊まで貸し出す

□ customers who promise to buy one or two　1、2冊購入すると約束する顧客

□ enjoyed browsing our physical shelves　実際の本棚で見て回ることを楽しんだ

□ to survive and thrive in online times　オンライン時代に生き残り、繁栄するために

TASK 1 の解答例 （このような内容が書けていれば OK です）

1. ニューヨーク州ウィッキーにあるセラー・ブックス社の場合
   - 新刊・中古・古書本を（how: 自転車や車で）配達して市場を開拓している。

   - 本を直接手渡されるという（what: 心のこもった触れ合い）をとても大切にしている。

   - 顧客の多くは（who: 若者）である。

2. カリフォルニア州ロスリンのコロラトゥラ・ブックセラーズの場合
   - ネット上で客の好みを聞き、（what: お薦めの本を12冊まで）を数日間貸し出す。彼らは（what: 1、2冊購入する）と約束している。

   - 彼らは、本棚を見たり、（what: 本について話したり）、ちょっとした発見をしたりすることを楽しんでいたので、それを自宅で再現してもらっている。

   - 店内でのブッククラブミーティングの代わりに、毎週、（where: オンラインのブッククラブ）でディスカッションを行っている。

TASK 2

● あなたは、ノラになったつもりで、売上に悩む食料品店の店主のロペスさんに、ラジオで聞いた地元の書店の販売戦略に基づいてアドバイスします。日本語訳に沿ってメールを書きましょう。①〜⑤は英文例を使って OK です（英文は部分的に変えてもかまいません。解答例は p. 112）。

（ **日本語訳** ）

ロペスさんへ
あなたの食料品店の売上が落ちてきていると聞いて残念に思います。先日ラジオで、地元の本屋がどのように生き残っているかのリポートを聞きました。
　①地元の本屋の中には地元の市場を熟知しているので、最大の競合相手であるオンライン書店よりも競争力があるところもあります。②また彼らは自転車や車で配達し、地元市場を開拓しています。③さらにインクと紙の本を読みたがる人たちは、手渡しによる触れ合いをとても大切にしています。④一部の地方の小売業者はオンライン時代に生き残り、栄えるために戦略を使っています。
　これを踏まえて、あなたに役立つかもしれない3つのアドバイスをいたします。まず最初に、食品をあなたがお客様に直接配達してはどうでしょうか。パソコンの操作が苦手な高齢者はオンラインでは購入できないので、この方法は効果的だと思います。
　2つ目には、商品がオンラインショップの物よりも新鮮だということを宣伝すべきだと思います。

Unit
11

⑤多くのお客さまはお店でぶらぶらし、買う前に商品を見るのが好きなのです。ですから、3つ目に、そうしたお客様を惹き付けるために、店頭に食料品をきれいに並べることを提案します。
売上が上がりますように。

敬具　ノラ・デイビス

英文例

① They are familiar with the local markets, so they are more competitive than their biggest online competitors.

② Some local bookstores develop the local market by delivering their books by bicycle or car.

③ People who like to read ink-and-paper books value the personal touch of delivery by hand.

④ Some local retailers are using strategies to survive and thrive in online times.

⑤ Many customers greatly enjoy browsing (looking around at products) in stores.

解答欄

Dear Mr. Lopez,

I am sorry to hear that your sales in the grocery shop have been dropping.

The other day I heard a report on the radio about how local bookstores are managing to survive.

① Some local bookstores are using their familiarity with the local market to be more competitive than their biggest online competitors. ② They are also developing the local market by delivering their books by bicycle or car. ③ People who like to read ink-and-paper books value the personal touch of delivery by hand. ④ These are just some of the strategies that some small retailers are using to survive and thrive in online times.

Based on this, I'd like to make three suggestions that I think you could use.

Firstly, how about delivering your products in person, especially to the elderly? Some of them are not very good at using PCs and are unable to shop online.

Secondly, I suggest you advertise that your groceries are fresher than those bought from online stores.

⑤ Many customers greatly enjoy browsing and like to look at products before they buy them. So, thirdly, I advise you to make sure your groceries are displayed as beautifully as possible to attract customers.

I hope your sales will go up.

Best wishes, Nora Davis

3 聞き取りのコツ、書き方のコツ

小さな書店がオンライン時代に生き残る戦略を説明しています。TASK 1では情報を日本語でまとめ、TASK 2で別の業者にアドバイスのメールを書きます。

● アドバイスをする時の注意

誰かにアドバイスをする場合、自分の経験や知識、あるいはこのUnitのように得た情報などに基づいて展開します。最後には励ましの言葉があるといいでしょう。TASKの模範解答では I hope that your sales will go up.（売上がアップしますように）とあります。逆にアドバイスでのNG表現は、You should 〜やYou had better 〜です。学校英語では「〜すべきだ・〜した方がよい」と習いましたが、実際には、かなり強く命じる表現なので避けるべきでしょう。

● personal touch（人同士の触れ合い、自分らしさ、個性）の使い方

オンライン時代に大切なのは personal touch でしょう。英文の2段落目には、

People who insist on reading ink-and-paper books really value the personal touch、また3段落目にはColoratura Booksellers ... adds even more of a personal touchとあります。別の例も挙げましょう。例：「伝統的なフライドチキンのレシピに、もっと個性を加えてください」：Add more of a personal touch to the classic fried chicken recipe.

 動名詞が続くenjoy

3段落目の中程に、We found that many of our customers greatly enjoying browsing our physical shelves.とあります。enjoyは動名詞が後に続きます。その他にも動名詞が続く物にconsider 〜 ing（〜［すること］を考える）、keep 〜 ing（〜し続ける）、suggest 〜 ing（〜［すること］を提案する）などがあります。またbrowseは「本を立ち読みする」、「店内をぶらぶら見て歩く」という意味を持つことも覚えましょう。

 ▶ **話題を膨らませよう！**

次にオンラインショップの長所についても語れるようになりましょう。

日本語：忙しすぎてお店に行けない人が多いので、オンラインショップは便利です。また、オンライン注文の配達は、より信頼性が高く、迅速になっているので、私はオンラインショッピングはもっと人気が出ると思います。

英語：Many people are too busy to go to shops, so online shopping is very convenient for them. Delivery of online orders has become more reliable and faster, so I think that online shopping will continue to grow in popularity.

 では英文を見ながら、もう一度、聞きましょう。太字部分はTASK 1の解答の根拠となる箇所です。注意して耳を傾けましょう。

🎧 20

Bookstores Change With the Times

Small retail businesses that rely on foot traffic have suffered most as consumers have shifted to online shopping in recent years. But many local bookstores have shown that it is possible to adapt. Local bookstores were among the first shops to lose in-store customers in the internet age. But cozy corner bookstores also found that they could retain many customers and keep business going if they changed with the times. They did this by delivering to customers the unique value that only an old-fashioned physical bookstore can provide.

Some bookstores, for instance, discovered a strong demand for home delivery. Cellar Books in Wickie, New York, is developing a thriving local market for new, used and antique books **delivered by bicycle and car.** "People who insist on reading ink-and-paper books really **value the personal touch of having us deliver by hand**," says Cellar Books owner Deborah Sleeman. "The market is limited to our local area, but it's keeping us in business, and lots of these customers are **young people.**"

Coloratura Booksellers in Roslin, California, adds even more of a personal touch to its delivery service. They talk to customers online about their likes and tastes, and they **lend up to 12 recommended books** for a few days to customers who **promise to buy one or two**. "We found that many of our customers greatly enjoyed browsing our physical shelves, **talking with us about books** and making little discoveries," said Coloratura owner Don Stanley. "So we try to let them replicate the experience at home." He also runs weekly **online book club discussions** to replicate popular in-store book club meetings.

These are just some of the strategies that small local retailers are using to survive and thrive in online times. As with restaurants and cafés, their intimate knowledge of small local markets can be a big advantage. It helps them compete against larger online rivals.

(日本語訳)

時代と共に変わる書店

　近年、消費者がオンラインショッピングに移行しているため、客の出入りに依存している小売業が最も大きな打撃を受けています。しかし、多くの地元の書店は、適応できることを証明しました。地元の書店はインターネット時代に、真っ先に店内の顧客を失った業種の一つです。しかし、居心地の良い街角の書店は、時代とともに変化していけば、多くの顧客を維持し、ビジネスを継続できることも知りました。昔ながらの従来の書店だけが提供できるユニークな価値を顧客に届けることによって、これを実現しました。

　例えば、一部の書店では宅配便の需要が高いことがわかりました。ニューヨーク州ウィッキーにあるセラー・ブックス社は、新刊・中古・古書を自転車や車で配達し、地元で繁栄する市場を開拓しています。「紙とインクの本を読むことにこだわる人たちは、私たちから手渡されるという触れ合いを重んじます」と、セラー・ブックス社の店主、デボラ・スリーマン氏は言います。「市場は地元に限られていますが、ビジネスは続けられており、これらの顧客の多くは若者なのです」。

　カリフォルニア州ロスリンのコロラトゥラ・ブックセラーズは、同社の配送サービスにさらに個性を加えています。オンラインで顧客の趣味嗜好について話し、1、2冊購入すると約束する人には数日間、お勧めの本を12冊まで貸し出します。「私たちの顧客の多くは、当店の実際の本棚を見たり、本に

ついて話して、ちょっとした発見をしたりすることを大いに楽しんでいたのです」と語るのは、コロラトゥラ・ブックセラーズの店主、ドン・スタンリー氏です。「そこで私たちは、彼らに家でその経験を再現してもらおうとしています」。彼はまた、毎週オンラインブッククラブでディスカッションを運営し、人気の書店内ブッククラブでのミーティングを再現しています。

　これらは、小規模な地元小売業者がオンライン時代に生き残り、繁栄するために使っている戦略の一部に過ぎません。レストランやカフェと同じように、彼らが地元の小さな市場を熟知していることは大きな利点になり得ます。これでより大きなオンラインの競合に立ち向かえるのです。

5 ドキュメンタリー番組の内容について下記の設問に答えましょう。解答と解説、翻訳は次ページにあります。

Q1 According to the article, what is true about some bookstores?
(A) They deliver the products on foot.
(B) They discovered a strong demand for home delivery.
(C) They sell many books on physics.
(D) They gave some special prizes to in-store customers.

Q2 Who is Don Stanley?
(A) A writer　　　　　　(B) A counselor
(C) A personnel manager　(D) A bookstore owner

解答と解説

Q1 正解 B
記事によれば、一部の本屋に当てはまるものは何ですか?
(A) 歩いて本を配る。　　　　　(B) 宅配に大きな需要があることを見出した。
(C) 多くの物理学の本を販売する。　(D) 店内の客にいくつかの特別な賞を与えた。

解説 前半部で Some bookstores, for instance, discovered a strong demand for home delivery.（一部の書店では宅配便の需要が高いことがわかりました）が聞き取れれば、正解は (B)。文中に physical（従来の、実際の）という単語が出てきますが、(C) の physics（物理学）と混同しないようにしましょう。

Q2 正解 D
ドン・スタンリーの職業は何ですか?
(A) 作家　　　　　　(B) カウンセラー
(C) 人事部のマネージャー　(D) 書店のオーナー

解説 ニュースなどでは、職業名は人名のそばによく出てきます。コロラトゥラ・ブックセラーズの話題が出てくる3段落の後半部の ..., said Coloratura owner Don Stanley. が聞き取れれば、正解は (D) とわかります。

🎧 **21-22**　　　　　　　　　　　　　　　**LISTENING**

難易度 ●●●●● 5　　　600語（長い）　　歴史／レクチャー　🇬🇧 男

TASK

1 あなたはカナダの建国の歴史の講義に出席してノートを取りましたが、いくつか聞き漏らした箇所がありました。自宅で講義の録音を聞きながら、聞き漏らした箇所を埋めましょう。　　　　　　　[学習目標時間 30分]

● 音声を繰り返し聞いて、ページ下の語群から選び以下の講義メモを埋めましょう。埋められない場合は、「単語のヘルプ」も適宜、参照してください（解答はp. 118）。

🎧 **21** ‥‥‥‥‥‥‥‥‥‥‥‥‥‥‥‥‥‥‥‥‥‥‥‥‥‥‥‥‥‥‥●

●ジャック・カルティエの登場　1535年

【　　　　　　　】でイロコイ族と接触

丘に招かれる＝【　　　　　　】の由来

【　　　　　】への航路を求めていた

村との関係が悪化　→　【　　　　　】に帰国

●サミュエル・ド・シャンプランの登場　1611年

【　　　　　　】とイロコイ族の消滅

　　原因1：作物不良などの理由で移動

　　原因2：【　　　　　】の持ち込んだ病気で消滅

　　原因3：他の部族との争い→最有力

【　　】の貿易のために砦を築く　→争いの始まり

● 語群

オシュラガ／メゾヌーブ／モントリオール／ケベック／フランス／アメリカ／中国／
ヨーロッパ人／アジア人／毛皮／鮭／セント・ローレンス川／ナイアガラ川

Unit
12

単語のヘルプ

origin 起源
the French explorer Jacques Cartier フランスの探検家ジャック・カルティエ
St. Lawrence Iroquoians セントローレンス・イロコイ・インディアン
the First Nations people カナダの先住民族　※ nation は「部族」。
Hochelaga オシュラガ(地名)
French corruption フランス語なまり
turn sour 悪化する
Samuel de Champlain サミュエル・ド・シャンプラン(人名)
pack up 荷造りする
deadly 致命的な
fertile 肥沃な

---

2 以下のチャンクに気を付けながら、もう一度、音声を聞きましょう。聞き取
れたら□にチェックを入れましょう。

🎧 21

☐ the origins of the city we call Montreal モントリオールという街の起源
☐ the village's first meeting with Europeans 村とヨーロッパ人との最初の出会
い
☐ welcomed as guests 客人として迎えられる
☐ the hill that gives the city of Montreal its name today モントリオールの
名前の由来となった丘
☐ beginning to turn sour 関係が悪化し始める
☐ a guest who never leaves 決して去ることのない客
☐ built a fort in order to start trading furs 毛皮の貿易を始めるために砦を築い
た
☐ the beginning of European settlement in Montreal ヨーロッパ人のモントリ
オールへの入植の始まり
☐ did not want the French moving in フランス人の移住を望まなかった

●**ジャック・カルティエの登場　1535年**

　【セント・ローレンス川】でイロコイ族と接触

　丘に招かれる＝【モントリオール】の由来

　【中国】への航路を求めていた

　村との関係が悪化　→　【フランス】に帰国

●**サミュエル・ド・シャンプランの登場　1611年**

　【オシュラガ】とイロコイ族の消滅

　　原因1：作物不良などの理由で移動

　　原因2：【ヨーロッパ人】の持ち込んだ病気で消滅

　　原因3：他の部族との争い→最有力

　【毛皮】の貿易のために砦を築く　→争いの始まり

Unit
12

3 聞き取りのコツ

TASKでは、カルティエとシャンプランがそれぞれどういう行動をしたか、情報を分けて整理する必要があります。語群もヒントにすればさほど難しくないでしょう。

● Cartier と Chaplain、それぞれが成し遂げたことは?

However, what Cartier really wanted to find was a shipping route to China. と Champlain claimed the fertile area for himself, and built a fort in order to start trading furs. を聞き取れるかどうかが大きなポイントです。

● 関係代名詞の省略

I would like to take a look at the origins of the city (which) we call Montreal. や … he realized that the river (which) he wanted to follow was … は、どちらも目的格の関係代名詞 which (that) が省略されています。一息で読まれることが多いので注意しましょう。

● claim の意味は?

Champlain claimed the fertile area for himself … (シャンプランは肥沃な土地を手に入れ〜) を聞き取りましょう。この場合の claim は「獲得する」を意味します。claim は、日本語の「クレームをつける」ではなく、「獲得する・主張する・要求する・要求」などの意味があります。聞き取れても単語の意味がわからなければ内容の理解にはつながりませんね。

● イディオム turn sour の意味は?

turn sour は「[物事・関係が] こじれる、破綻する」の意味です。日常会話でも出てくるので覚えておきましょう。文中では以下のように使われています。His relationship with the other villages on the St. Lawrence was beginning to turn sour. (彼とセントローレンス川の他の村との関係は、悪化し始めていました)

● want + O + doing「〈人が〉O〈人・物〉に…してほしいと願っている」

これは否定文によく用いられる表現です。文中では They did not want the French moving in. (フランス人の移住を望んでいなかった) と出てきます。もう一つ例を挙げておきます。例:I don't want her coming. (私は彼女に来てほしくない)

▶ 話題を広げて話そう!

「セントローレンス・イロコイ族がヨーロッパ人によって持ち込まれた病気で死んだという証拠はありません。しかし、アステカ王国やインカ帝国は、ヨーロッパ人が持ち込んだ病気で滅びたと言われています」

英語訳：There is no evidence that St. Lawrence Iroquois died from diseases carried by the Europeans. However, the Aztec Empire and the Inca Empire are said to have been destroyed by diseases introduced by Europeans.

＊the Aztec Empire＝アステカ王国、the Inca Empire＝インカ帝国

 ▶ 地名に注意しましょう!

英語の読み方と日本語の読み方が異なる地名が多くあります。日本では、英語ではなく原語の読み方を採用している場合が多いので、注意しましょう。

例

Mon·tre·al	[mɑ́(:)ntrió:l	mɔ̀n-trió:l]	モントリオール
A·thens	[ǽθɪnz]	アテネ
Bei·jing	[bèɪdʒíŋ]	北京
E·gypt	[íːdʒɪpt]	エジプト
Prague	[prɑ́ːg]	プラハ
Vi·e·nna	[viénə]	ウィーン

4 では英文を見ながら、もう一度、聞きましょう。太字部分はTASKの解答の根拠となる箇所です。注意して耳を傾けましょう。

 21

So, today, I would like to take a look at the origins of the city we call Montreal. When the French explorer Jacques Cartier started **sailing up the St. Lawrence River in 1535, he soon made contact with the St. Lawrence Iroquoians** — the First Nations people who lived in the many villages along the river.

One of these villages became known as Hochelaga, which is thought to be a French corruption of an Iroquoian term. It was a large area, housing more than a thousand people, and was surrounded by fields growing corn. The village itself had a wooden fence around it with a single gate. Most of the buildings inside were traditional longhouses, which are long, narrow houses built from poles and tree bark. Several families lived together in each one.

Cartier's arrival was the village's first meeting with Europeans, who were welcomed as guests and given a tour of the village and longhouses. Cartier was taken up a nearby hill, which may have been used as a traditional meeting place for visiting tribes which is, as I'm sure you know, **the hill that gives the city of Montreal its name today.**

However, what Cartier really wanted to find was **a shipping route to China.** He had come to the area looking for information and local guidance to help him continue west. But after only a few days, he realized that the river he wanted to follow was too rapid and dangerous to continue traveling on. Cartier left the village, hoping to find another way, and he never returned. Meanwhile, his relationship with the other villages on the St. Lawrence was beginning to turn sour. Cartier had set up a small fort close to another village, and the Iroquoians were starting to realize that these visitors were actually planning to stay. They had been happy to entertain new guests, but no one likes a guest who never leaves! After a few terrible winters, and many, many attacks on his fort, Cartier abandoned the idea and **returned to France.**

Now, we have to fast-forward a little bit. The next European to visit the area was Samuel de Champlain, in 1611. Yes, that's more than 70 years later. Champlain traveled in Cartier's footsteps up the St. Lawrence, but he found that **the large village of Hochelaga, and all of the St. Lawrence Iroquoians, had simply disappeared**. It was a mystery.

Indeed, there has been a lot of discussion about the disappearance of this group of people. Some scholars believe that they simply moved. Villages built by the Iroquois were not meant to last forever. When their crops began to fail, it was not unusual for them to pack up and move somewhere else. A second theory is that the St. Lawrence Iroquois had died from diseases carried by the Europeans. This happened often in the Americas because **the Europeans often carried diseases that had little effect on Europeans but were deadly to the local people**. Today, however, most evidence points to fighting between the St. Lawrence Iroquois and other nations. Hochelaga had probably been abandoned or destroyed.

Champlain claimed the fertile area for himself, and **he built a fort in order to start trading furs.** This was the beginning of European settlement in Montreal. But even though Hochelaga was gone, there were many other similar settlements nearby. And the people living in them, like the St. Lawrence Iroquois before them, did not want the French moving in. It was the beginning of a long and bloody struggle. But we'll talk about that in more detail tomorrow.

（ 日本語訳 ）

では今日は、モントリオールという街の起源を見ていきたいと思います。フランスの探検家ジャック・カルティエがセントローレンス川を1535年に上り始めたとき、彼はすぐにセントローレンスのイロコイ族と接触しました。彼らはカナダの先住民族でセントローレンス川沿いの多くの村に住んでいました。

これらの村の一つはオシュラガとして知られるようになり、これはイロコイ・インディアンの用語のフランス語なまりと考えられています。千人以上の人が住む広大な土地で、トウモロコシを栽培する畑に囲まれていました。村自体は木の柵で囲われていて、門は一つしかありませんでした。村の中にある建物のほとんどは、昔ながらの「長屋」と呼ばれる、柱や木の皮を使って建てられた細長い家でした。それぞれの家には、複数の家族が同居していました。

えられ、村と長屋の様子を見せてもらいました。カルティエは近くにある丘に連れて行かれ、そこは訪ねてきた部族を迎えるための伝統的な会合場所として使われていたようでした。それはご存知の通り、今日のモントリオール市の名前の由来となっている丘です。

しかし、カルティエが本当に探し求めていたのは、中国への航路でした。彼は、西に進むための情報と現地のガイドを求めてここにやってきたのです。しかし、わずか数日後、彼がたどりたいと思っていた川が、旅を続けるにはあまりにも急流で危険であることに気付きました。カルティエは別の道を探して村を後にし、ここ（オシュラガ）に戻ってくることはありませんでした。一方で、セントローレンス川の他の村との関係は、悪化し始めていました。カルティエは他の村の近くに小さな砦を作ったので、イロコイ族はカルティエたちが実のところ、滞在するつもりだということに気づき始めたのです。彼らは新しい客を歓迎しましたが、決して去ることのない客を好む人はいないのです！　何度かひどい冬を過ごし、何度も何度も砦を攻撃された後、カルティエはこの考えを捨て、フランスに戻りました。

さて、少し早送りしないといけません。次にこの地を訪れたヨーロッパ人は、サミュエル・ド・シャンプランで、1611年のことでした。そう、70年以上も後のことです。シャンプランはカルティエの足跡をたどってセントローレンスを旅しましたが、彼はオシュラガという大きな村とセントローレンスのイロコイ族が消えてしまったことに気付きました。それは謎でした。

実のところ、この集団の消滅については、多くの議論がなされてきました。彼らが単に移動しただけだと考える学者もいます。イロコイ族が築いた村は永遠に続くものではありませんでした。作物が不作になると、荷物をまとめてどこか別の場所に引っ越すことは珍しくありませんでした。第二の説は、セントローレンス・イロコイ族がヨーロッパ人によって持ち込まれた病気で死んだというものです。ヨーロッパ人がヨーロッパ人にはほとんど影響を与えないが、地元の人々にとっては致命的な病気を持ち込んでいたため、アメリカ大陸ではこのようなことがよく起こっていました。しかし今日では、ほとんどの証拠はセントローレンス・イロコイ族と他の部族との争いを挙げています。オシュラガはおそらく放棄されたか、破壊されたのでしょう。

シャンプランは肥沃な土地を手に入れ、毛皮の貿易を始めるために砦を築きました。これがモントリオールにおけるヨーロッパ人の入植の始まりでした。しかし、オシュラガがなくなっても、近くには多くの似たような集落がありました。そこに住む人々は、以前のセントローレンス・イロコイ族のように、フランス人の移住を望んでいませんでした。それは長く、血なまぐさい争いの始まりでした。しかし、このことについては、明日さらに詳しくお話しましょう。

5 講義の内容について下記の設問に答えましょう。解答と解説、翻訳はこの下にあります。

Q1 Why did Jacques Cartier visit the large village of Hochelaga?
(A) The St. Lawrence Iroquois wanted to entertain him.
(B) The St. Lawrence Iroquois had attacked his fort many times.
(C) He wanted information about a shipping route west.
(D) He planned to grow corn in the village.

Q2 Why did the St. Lawrence Iroquois probably disappear?
(A) Because they moved to somewhere else.
(B) Because they fought other tribes.
(C) Because they died from diseases carried by the Europeans.
(D) Because they suffered from terrible winter coldness.

解答と解説

Q1 正解 C
ジャック・カルティエはなぜオシュラガという大きな村を訪問したのですか?
(A) セントローレンス・イロコイ族が彼をもてなしたかったから。
(B) セントローレンス・イロコイ族が何回も彼の要塞を攻撃したから。
(C) 彼は西への航路の情報が欲しかったから。
(D) 彼はトウモロコシを村で栽培しようとしていたから。

解説 4段落目の最初、However, what Cartier really wanted to find was a shipping route to China.(しかし、カルティエが本当に探し求めていたのは、中国への航路でした)を聞き取りましょう。China が west に言い換えられている (C) が正解です。

Q2 正解 B
セントローレンス・イロコイ族が消えてしまった理由は、おそらく何でしょうか?
(A) 彼らが他の場所に移動したから。
(B) 彼らが他の部族と戦ったから。
(C) 彼らはヨーロッパ人が運んできた病気で死んだから。
(D) 彼らは恐ろしい冬の寒さに悩まされたから。

解説 6段落目の最後、Today, however, most evidence points to fighting between the St. Lawrence Iroquois and other nations.(しかし今日では、ほとんどの証拠はセントローレンス・イロコイ族と他の部族との争いを挙げています)を聞き取りましょう。つまり正解は (B) です。

6 最後に、以下の文を口に出して読んでみましょう。なめらかに読めるよう
になるまで繰り返してください。

🎧 **22**

1. Cartier's arrival was the village's first meeting with Europeans, who were welcomed as guests.
   （カルティエの到着は、村にとってヨーロッパ人との最初の出会いであり、ヨーロッパ人は客人として迎えられました）

2. But after only a few days, he realized that the river he wanted to follow was too rapid and dangerous to continue traveling on.
   （しかし、わずか数日後、彼がたどりたいと思っていた川が、旅を続けるにはあまりにも急流で危険であることに気付きました）

3. His relationship with the other villages on the St. Lawrence was beginning to turn sour.
   （彼とセントローレンス川の他の村との関係は、悪化し始めていました）

4. Champlain claimed the fertile area for himself, and he built a fort in order to start trading furs.
   （シャンプランは肥沃な土地を手に入れ、毛皮の貿易を始めるために砦を築きました）

5. It was the beginning of a long and bloody struggle.
   （それは長く、血なまぐさい争いの始まりでした）

le mont Royal（モン・ロワイヤル。「王の山」の意味）からモントリオール（フランス語でモンレアル）の名が生まれました。

125

Readingを鍛える！

どれもさほど長文ではありませんが、自然な英語を素材にしているため、ところどころで出てくる難しい単語や見慣れない言い回しで、資格試験の英文だけに慣れている人には、意外とハードルが高く感じられるかもしれません。まずは TASK に答えることを目標に、読み進めましょう。

難易度 ●●○○○○ 2 　　187語（短い）　介護／お知らせ　🇬🇧 男

1 あなたはこの土曜日に、グリーンヒル高齢者介護施設に入居している義母を訪ねる予定です。事前に、施設から届いたお知らせを読みます。その後で、内容を同行者の夫に伝えましょう。

● まず、以下を5分を目標に読んでみましょう。次ページの「単語のヘルプ」も適宜、参照してください。

Green Hills Elder-Care Facility
Rules for Family Visits

At Green Hills Elder-Care Facility, we care about our residents and understand the importance of family. We are excited about reopening our facility for family visits and are doing our utmost to keep both residents and visitors safe in this time of pandemic. Accordingly, we will be observing and enforcing a new set of government-required rules for visits. Please call us at least 48 hours in advance to schedule a visit appointment. In order to schedule a visit with a resident, you must be either an immediate family member, or be included on the list of approved visitors for the resident. Be sure to arrive 15 minutes prior to your scheduled visit time.

Upon arrival, you will be greeted outside the main entrance by our reception nursing staff. You will be given a brief health screening, consisting of a temperature reading and several questions about your recent health status and contact with anyone showing possible symptoms of viral infection. Once approved for entry, you will be given a mask to wear during your visit.

A full guide to the new rules is available at our website (www.greenhillseldercare.com).

単語のヘルプ

他にもわからないものがあったら、辞書で調べて書き足しておきましょう。

resident　入居者、居住者

utmost　最大限、全力

Accordingly,　それで、それに応じて

observe 〜　〜を守る

enforce 〜　〜を施行する・〜を実行する

immediate family member　肉親者・身内・近親者

approved visitor　認められた訪問者

prior to 〜　〜の前に

be greeted　出迎えられる

health screening　健康診断

temperature reading　体温読み取り

symptom　症状

viral infection　ウイルス感染

Unit
13

TASK

2 施設から届いたお知らせを踏まえ、一緒に訪問する予定の夫に、訪問時に注意すべきことを説明します。カッコにふさわしい単語1語を入れなさい。解答は次ページにあります。

Regarding our visit to Green Hills on Saturday, we need to make an appointment by ①いつ（　　　　　）. And we need to be there ②どの程度（　　　　　）minutes before the appointment time.
At the reception, our ③体温（　　　　　）will be taken. Also, we're going to be asked several questions, such as how we ④気分（　　　　　）or if we have had any ⑤接触（　　　　　）with possibly infected people.
Finally, they will give us ⑥何（　　　　　）, which we will have to wear while we are there.

Regarding our visit to Green Hills on Saturday, we need to make an appointment by ①(Thursday). And we need to be there ②(15) minutes before the appointment time.

At the reception, our ③(temperature) will be taken. Also, we're going to be asked several questions, such as how we ④(feel) or if we have had any ⑤(contact) with possibly infected people.

Finally, they will give us ⑥(masks), which we will have to wear while we are there.

(**日本語訳**)

土曜日のグリーンヒルズへの訪問だけど、木曜日までに予約する必要があるわ。それから予約時間の15分前には到着しなきゃいけないのよ。受付では体温を測ってもらって、それから体調や感染の可能性のある人たちとの接触がなかったかとか、そういった質問をされることになっているの。最後に、そこにいる間、着用しなければならないマスクを渡されます。

答え合わせをした後に、音声を聞き、一文ずつ止めて声に出して読んでみましょう。

 23

3 読み方のコツ

● 言い換えに注意しよう

TASKの①はPlease call us at least 48 hours in advance（遅くとも48時間前に電話してください）とあるので、土曜日に訪問するつもりなら、遅くとも2日前の木曜日には電話をしなければいけない、ということになります。②はお知らせの中にarrive 15 minutes prior to ... とあり、prior toはbeforeと同意です。③はtemperature reading（体温の読み取り）をtemperature is taken（体温が測られる）と言い換えます。④はお知らせの中では直接言われていませんが、recent health statusについて聞かれる、がそこに当たりそうです。⑤、⑥はほぼ同じ形で英文の中にも出てきています。

Unit
13

● 見出しは必ず目を通す

文書に見出しがある場合は、まず見出しをしっかり読みましょう。ここでは、Green Hills Elder-Care Facility Rules for Family Visits（グリーンヒルズ高齢者介護施設への家族訪問のルール）とあるので、面会の約束をとりつける方法や面会時間などについて出てくるかな、と予測しながら読むことができます。

　見出しがない場合は、お知らせ文の目的は、最初の2文目ぐらいまでに書かれています。また、お知らせ文では最後に連絡先が記載してあることが多いです。

● 良いニュースを伝える出だしに注意

お知らせ文に、We are excited about reopening our facilities for family visits,とあります。この応用例を挙げておきます。　例：We are pleased/happy to announce that we will be opening the Osaka branch office as of April 1. （4月1日付での大阪支社の開設を、謹んでお知らせします）

● Once の用法に慣れる

Once approved for entry, you will be given a mask ...（入館が許可されると、マスクが渡されます）のOnceは接続詞で「いったん［ひとたび］～すると［すれば］」という意味です。ここでは、Once you are approved for entry, のyou are が省略されています。

● epiとpanはどう違う?

日本のニュースでも「パンデミック」という言葉は一般的になりました。英語のpandemicのepidemicの違いはご存知ですか?　epidemic（伝染病）の語源は、epi（間の）＋dem（人）＋ic（性質）＝人と人の間に広まる病気、pandemic（世界的流行病）の語源は、pan（すべて）＋dem（人）＋ic（性質）＝全ての人に広まる病気、ということです。

▶ 話題を広げて話そう!

How should we deal with the coronavirus pandemic?
（われわれは、コロナウイルスの世界的流行にどう対応すべきでしょうか?）

For example: We should follow social-distancing guidance.
（例えば、「私たちは社会的距離ガイダンスに従わなくてはなりません」）

 あともう一息!

4 よりよく英文を理解するために、スラッシュの箇所でかたまりごとに意味を考えて読みましょう。さらに音声でも聞いてください。

🎧 **24**

At Green Hills Elder-Care Facility, / we care about our residents / and understand the importance of family. / We are excited about reopening our facility for family visits / and are doing our utmost / to keep both residents and visitors safe / in this time of pandemic. / Accordingly, we will be observing and enforcing / a new set of government-required rules for visits. / Please call us / at least 48 hours in advance / to schedule a visit appointment. / In order to schedule a visit with a resident, / you must be either an immediate family member, / or be included on the list of approved visitors for the resident. / Be sure to arrive / 15 minutes prior to your scheduled visit time. /

Upon arrival, / you will be greeted outside the main entrance / by our reception nursing staff. / You will be given a brief health screening, / consisting of a temperature reading / and several questions / about your recent health status / and contact with anyone showing / possible symptoms of viral infection. / Once approved for entry, / you will be given a mask to wear during your visit. /

A full guide to the new rules is available / at our website (www.greenhillseldercare.com). /

Unit 13

(**日本語訳**)

グリーンヒルズ高齢者介護施設への家族訪問のルール

　グリーンヒルズ高齢者介護施設は、入居者を大切にし、家族の大切さを理解しています。この度、施設での家族との面会の再開に胸をふくらませ、パンデミックのこの時期に、ご入居者さまと来訪者の安全を守るために最大限の努力をしております。そのため、ご面会の際には、政府が定めた一連の新しい面会ルールを遵守し、実施してまいります。遅くとも48時間前までにお電話で面会の予約をお願いします。入居者との面会を予約するには、身内であるか、その入居者の面会許可者リストに入っている必要があります。面会予約時間の15分前には必ず到着してください。

　ご到着されましたら、正面玄関の外で受付看護スタッフがお出迎えいたします。体温測定と最近の健康状態について、いくつかの質問による簡単な健康診断とウイルス感染の可能性のある症状を持つ人との接触について質問されます。入館が許可されると、訪問中に着用するマスクが渡されます。

　新しい規則の完全ガイドは、当施設のウェブサイト（www.greenhillseldercare.com）でご覧いただけます。

5 英文の内容について、以下の問いに答えましょう。解答と解説、翻訳はこの下にあります。

Q1 What is the main purpose of this announcement?
   (A) To warn about flu infection.
   (B) To explain the procedure of meeting residents in Green Hills Elder-Care Facility.
   (C) To announce the reopening of Green Hills Elder-Care Facility.
   (D) To make sure that every resident has a health screening.

Q2 Which people will need special permission to visit the facility?
   (A) Parents
   (B) Sisters
   (C) Spouses
   (D) Coworkers

解答と解説

Q1 解答 B
このお知らせの主な目的は何ですか?
(A) インフルエンザ感染について警告すること。
(B) グリーンヒルズ高齢者介護施設の入居者に面会する手順について説明すること。
(C) グリーンヒルズ高齢者介護施設の業務再開について知らせること。
(D) 居住者全員の健康診断の受診を確認すること。

解説 お知らせの文書は見出しに注意しましょう。ここでは Green Hills Elder-Care Facility Rules for Family Visits(グリーンヒルズ高齢者介護施設への家族訪問のルール)とあります。よって正解は、面会の手順を説明する (B) です。

Q2 解答 D
施設を訪問するために特別な許可が必要になりそうなのは誰ですか?
(A) 両親   (B) 姉妹
(C) 配偶者   (D) 同僚

解説 第1段落の最後から2文目の you must be either an immediate family member, ~を読み取りましょう。immediate family member は「肉親者、身内、近親者」を意味するので、(A)(B)(C) は外れ、訪問に特別な許可が必要になりそうなのは「同僚」の (D) です。

難易度 ●●●●● 4 | 260語（やや短い） | ショッピング／広告 | 男

1 あなたは今はやりのサブスクリプション・ボックス（一定期間の利用に対して料金を支払うギフトボックス）のウェブ広告を見ています。内容をしっかり理解して、顧客になったつもりで、商品レビューを書いてみましょう。

● まず、以下を5分を目標に読んでみましょう。次ページの「単語のヘルプ」も適宜、参照してください。

Unit 14

Looking for the gift that keeps on giving – literally? Come to BoxWize.com

BoxWize.com has the best selection of the greatest subscription box services ever! These are thoughtfully curated collections of great products focusing on a theme. Pick a theme for the one you love, and they'll receive a great assortment of items tailored to their tastes every month for as long as your subscription lasts. And subscribing is simple. Just visit BoxWize.com, pick your theme, pick your subscription box and then choose a duration period for your subscription – 3 months, 6 months, 1 year or indefinite. You can check out online, and all major credit cards and payment apps are accepted.

One of our most popular themes is the Wine Lovers' Box, a monthly selection of three fantastic wines from craft vineyards. Our Beauty Box is for anyone who loves discovering new organic shampoos, soaps and skincare products. Other themes include the Hand-Tool Box, the Dog Treats Box, the Cat Toy Box and much, much more. So, whether your loved one likes food and drink, puzzles, fashion, jewelry, or snacks, you can find it at BoxWize.com.

And now there's more reason than ever to try BoxWize.com. Subscribe any time in May, and receive your first month free! Depending on your subscription, that's a value of $45 to $130. PLUS, you'll be automatically entered in our BoxWize summer drawing held on July 1. Five lucky First-Prize winners will each get a BoxWize Gift card worth $300. Lots of other prizes are available for more than 100 winners.

See you at BoxWize.com!

他にもわからないものがあったら、辞書で調べて書き足しておきましょう。

curated collection　選び抜かれたコレクション

focus on a theme　テーマにフォーカスする

assortment　詰め合わせ

tailored to one's tastes　〜（人）の好みに合わせた

duration period　期間

indefinite　（期限が）不定の

check out online　オンラインで精算する

payment app　支払いアプリ

craft vineyard　クラフトワイン向けブドウ園

be entered in 〜　〜に参加する・〜へ入る

drawing　抽選会、くじ引き

available　用意されている、手に入る

TASK

2 では、顧客になったつもりで今までの経緯を①〜⑥でたどりながら、赤字のヒントを使って100語前後の英語で商品レビューを書きましょう。模範解答は次ページです。

①私は5月に、6カ月コースの Wine Lovers' Box を夫のために定期購買 (subscribe to) しました。ワインは素晴らしいものでした。

②5月中に注文したため、1カ月目は無料でした (receive my first month free)。

③7月に抽選会に自動的にエントリーされ (be entered into a drawing)、

④50ドルのギフトカード (BoxWise Gift card worth $50) を獲得しました。

⑤そのギフトカードを使い、3カ月のビューティーボックス (3-month Beauty Box) を購買したところ、娘がとても喜びました。

⑥購買期間を延長する (extend a subscription period) 予定です。とても満足しています。

Unit
14

Customer Review
★★★★★
Subscription Box lover

I **subscribed to** the 6-month **Wine Lovers' Box** for my husband in May, so I **received my first month free.** The selection of wines was superb!

In addition to that, I **was** automatically **entered into a drawing**, and I received a **BoxWize gift card worth $50.** Then I subscribed to the **3-month Beauty Box**, using the BoxWize gift card. My daughter was very pleased! I'm going to **extend its subscription period.** And now I am thinking of what other boxes I should subscribe to. It's fantastic. I'm more than satisfied!

（ **日本語訳** ）

カスタマーレビュー

★★★★★

サブスクリプションボックス愛好者

私は5月に、夫のために6カ月間コースの「ワイン通ボックス」を定期購買しましたので、最初の1カ月分は無料でした。ワインのセレクションは最高でした！

そればかりでなく、私は自動的に抽選会にエントリーされて、50ドル分の BoxWize ギフトカードをもらいました。

それから BoxWize ギフトカードを使って、3カ月の「ビューティーボックス」を定期購買したところ、娘は大喜びでした！　現在、この購買期間を延長しようと思っています。また、現在、ほかのどのボックスを定期購買すべきか、考え中です。素晴らしいです。満足という言葉では足りません！

3 読み方のコツ

● 広告の一般的な読み方

1. 見出しや太字から何の広告かわかります。
2. 特典などは通常、項目別に書かれます。
3. 特典の数やサービスの期間、割引率、営業時間など、**数字に注意して**読みましょう。
4. 定期購買の場合は違約金も見落とさずに。
5. 支払方法は、通常、最後に書かれています。

● 段落ごとに読む

ここでは、段落ごとにざっと内容を押さえながら読み進めましょう。

1段落目　Subscription Boxの基本的な説明。段落の最後に支払方法の説明があります。

2段落目　テーマに基づく商品の具体例の説明。

3段落目　5月に定期購読を申し込んだ場合の特典の説明。

● 広告の定番表現

見出しのThe gift that keeps on giving – literally?の、"gift that keeps on giving"は、英語圏の広告では定番フレーズです。literallyは「文字通り、本当に」などの意味がありますが、ここでは「本当に」の意味が強く込められています。「喜びがずーっと続くギフト」、といった意味です。

● 広告に頻出の最上級

冒頭にBoxWize.com has the best selection of the greatest subscription box services ever! (BoxWize.comは、これまでにない最高の定期購買ボックスサービスのセレクションをご用意しています!) があります。the bestとthe greatest、ever (今までにない) は、宣伝に頻出のフレーズです。

● curate の意味

2～3行目のcurated collections of great products (素晴らしい商品コレクション) のcurateは「(美術品などの展示、所蔵品を専門家が目利きして) 選定、収集する」を意味します。selectedではなくcuratedを使っているのは、専門家が収集したことを述べて、クオリティーの高さや信頼を強調する広告だからです。なお、「キュレーター (curator)」は「美術館等の学芸員」という意味で、カタカナのまま日本語にもなりつつある単語です。

● subscription、subscriber、subscribe to ～の違い

subscriptionとは、新聞や雑誌などの「購読予約」の意味ですが、サービスや何かを使う権利を定期的に (お金を払って) 利用することも意味します。この広告の場

合はギフトボックスですね。subscriber とは、「定期購読者、加入者、定期会員、受信契約者」を意味します。

また、subscribe to ～を使った例文も学習しましょう。　例：I subscribe to the Times.（私はタイムズを定期購読しています）、Please don't forget to subscribe to my channel.（チャネル登録を忘れないでくださいね）

 ▶ 会話を膨らませましょう!

What is Subscription Box?（サブスクリプション・ボックスって何?）と聞かれたら?

「雑誌を定期購読するようなものですが、編集された関連記事の詰め合わせを受け取る代わりに、関連性のある素敵な商品の詰め合わせを受け取るのです」

英語訳：It's like subscribing to a magazine, but instead of receiving an edited assortment of related articles, you receive a box containing an assortment of related cool stuff.

 よくがんばりました

よりよく英文を理解するために、スラッシュの箇所でかたまりごとに意味を考えて読みましょう。さらに音声でも聞いてください。

🎧 **25**

Looking for the gift that keeps on giving-- literally? / Come to BoxWize.com /

BoxWize.com has the best selection of the greatest subscription box services ever! / These are thoughtfully curated collections of great products / focusing on a theme. / Pick a theme for the one you love, / and they'll receive a great assortment of items / tailored to their tastes every month / for as long as your subscription lasts. / And subscribing is simple. / Just visit BoxWize.com, / pick your theme, / pick your subscription box / and then choose a duration period for your subscription— / 3 months, 6 months, 1 year or indefinite. / You can check out online, / and all major credit cards / and payment apps are accepted.

One of our most popular themes / is the Wine Lovers' Box, / a monthly selection of three fantastic wines from craft vineyards. / Our Beauty Box is / for anyone who loves discovering new organic shampoos, / soaps and skincare products. / Other themes include / the Hand-Tool Box, the Dog Treats Box, the Cat Toy Box / and much, much more. / So, whether your loved one likes / food and drink, puzzles, fashion, jewelry, or snacks, / you can find it at BoxWize.com. /

And now there's more reason than ever / to try BoxWize.com. / Subscribe any time in May, / and receive your first month free! / Depending on your subscription, / that's a value of $45 to $130. / PLUS, you'll be automatically entered / in our BoxWize summer drawing / held on July 1. / Five lucky First-Prize winners / will each get a BoxWize Gift card worth $300. / Lots of other prizes are available / for more than 100 winners. /

See you at BoxWize.com!

文字通り、喜びがずっと続くギフトをお探しですか？
BoxWize.com へようこそ

　BoxWize.com は、これまでにない最高の定期購買ボックス・サービスのセレクションをご用意しています！　あるテーマにフォーカスし、よくよく考えて選び抜かれた素晴らしい商品コレクションです。愛する人のためにテーマを選ぶと、その人の好みに合わせて選ばれた商品の素敵な詰め合わせが、定期購買が続く限り毎月届きます。

　定期購買方法は簡単です。BoxWize.com にアクセスして、テーマを選び、サブスクリプションボックスを選び、購買期間を3カ月、6カ月、1年、または無期限から選択するだけです。オンラインで精算でき、主要なクレジットカードと支払いアプリをご利用いただけます。

　当社の最も人気のあるテーマの一つは、「ワイン通ボックス」で、クラフトワイン向けブドウ園の素晴らしいワイン3種を毎月セレクトしています。「ビューティーボックス」は、新しいオーガニックシャンプー、石鹸、スキンケア製品との出会いが大好きなどなたにも合います。他にも、「ハンドツールボックス」、「ドッグトリートボックス」（犬用おやつボックス）、「キャットトイボックス」（猫用おもちゃボックス）など、様々なテーマで構成されています。あなたの大切な人の好きな物が食べ物や飲み物だろうと、パズル、ファッション、ジュエリー、スナックだろうと、BoxWize.com で見つかります。

　今、BoxWize.com をお試しいただきたい理由は、（今までよりも）たくさんあります。5月中に定期購買を始めると、最初の1カ月が無料になるのです！　ご購買の内容にもよりますが、45〜130ドルの価値があります。さらに、7月1日に開催される BoxWize 夏の抽選会に自動的にエントリーされます。ラッキーな一等賞の当選者5名様には、300ドル相当の BoxWize ギフトカードがプレゼントされます。その他にも、100名以上の当選者にはたくさんの賞品が用意されています。

　BoxWize.com! でお待ちしています。

5 英文の内容について、以下の問いに答えましょう。解答と解説、翻訳はこの下にあります。

Q1 What is not true about the Subscription Box in BoxWize.com?
(A) You can use all major payment credit cards.
(B) The Wine Lovers' Box is popular.
(C) You have to pay a penalty when you cancel a subscription.
(D) Subscription fees differ from theme to theme.

Q2 What is true about the drawing?
(A) There are three first-prize winners.
(B) You have to subscribe to a theme which costs more than $45.
(C) Only new subscribers are entered into a prize.
(D) It is held in July.

設問と選択肢の訳

Q1 解答 C
Subscription Box in BoxWize.com について事実でないのは何ですか?
(A) 全ての主要なクレジットカードが使える。
(B) ワイン通ボックスは人気がある。
(C) 購買を中止したときは違約金を支払わなければならない。
(D) 定期購買料金はテーマによって異なる。

解説 広告文は、違約金などの情報にも気をつけて読みましょう。(A) は1段落目の最後の文に、(B) は2段落目の最初の文に書かれています。(D) は、3段落目の2文目 Depending on your subscription, that's a value of $45 to $130. より、価格に幅があることがわかります。定期購買を中止した場合についてはどこにも書かれていないため、事実でないのは (C) です。

Q2 解答 D
抽選会について正しい記述はどれですか?
(A) 一等賞の当選者は3名である。
(B) 45ドル以上のテーマを定期購買しなけれればならない。
(C) 新規定期購買者のみが抽選会にエントリーされる。
(D) 抽選会は7月に実施される。

解説 抽選会は、5月に定期購買を始めた人の特典で、第3段落の中ほどに BoxWize summer drawing held on July 1. とあるため、正解は (D) です。

さあ、頑張りましょう！

難易度 ●●● ○ ○ 3　　240語（やや短い）　　映画／レビュー　🇬🇧 男

1 あなたは広告会社の社員で、この夏公開予定の映画『フィクションファン』の広告を制作しています。その広告に、次の映画レビューの内容を盛り込むよう上司から指示がありました。

● まず、以下の映画レビューを5分を目標に読んでみましょう。次ページの「単語のヘルプ」も適宜、参照してください。

If you're looking for a great movie to watch this summer, you could do worse than to check out "Fiction Fan." That's the latest offering from independent movie studio On-Location Films. The story takes place in a near-future world where artificial intelligence has come to control society, but not in the ways you might expect. It would be difficult to provide more details without spoiling the main plot twist. I'll leave it at this: If "Fiction Fan" correctly predicts the future of AI and humanity, we have a lot to worry about but even more to laugh about. Part comedy, part horror show, part love story, this short film (only 88 minutes) will make you laugh. It might also make you cry, depending on how you feel about deepfake videos of your favorite celebrities— enough said!

On-Location Films is a studio to watch in the coming years. It's the surprisingly productive independent shop run by Freddy Stack. Yes, that Freddy Stack. After one surprise hit role as an actor in 2015, he seemed suddenly to disappear from the Hollywood indie scene. With "Where's Freddy?" memes trending on social media, he seemed famous for not being anywhere ... until two years ago, that is. Since then, his On-Location Films Company has begun to attract a growing fan base. On-Location Films has now created three popular hit films. "Fiction Fan" is the best one yet, earning a rare four stars out of five from me. Watch it!
Rating: ★★★★☆.

他にもわからないものがあったら、辞書で調べて書き足しておきましょう。

could do worse than to ～　～するのも悪くない・～してはどうですか

latest　最新の

take place　起こる

near-future world　近未来

artificial intelligence　人工知能、AI

spoil ～　～を損ねる

main plot twist　大筋の展開

leave it at ～　～にとどめる

predict ～　～を予測する

humanity　人類

deepfake video　ディープフェイク・ビデオ

independent shop　インディペンデント系映画会社

run by ～　～によって運営されている

meme　ミーム、インターネットを通じて広まる情報

trending on social media　ソーシャルメディアで流行している

that is.　～てことですが。

earn ～　～を獲得する

2 先ほど読んだ映画レビューを基に、以下の広告の空欄を埋めましょう。解答は次ページにあります。

この夏のお薦めはこれ‼

舞台はAIが（　　　　　）を支配する近未来

『フィクションファン』

あの※2フレディ・スタックの映画会社がファンを魅了！

Unit
15

わずか（　　）分の短編に、
コメディ、（　　　　）、（　　　　　）が凝縮！

（　　　　）のディープフェイクビデオも必見！

ABDCE映画レビューで、なんと（　　）星を獲得！

《試写感想より抜粋》
この映画を見るまではAIと（　　　　）の未来に（　　　　）を感じていましたが、この映画を見て（　　　　　）しました。

※1 On-Location Films: 映画俳優フレディ・スタックが率いる（
　）系映画会社。
※2 フレディ・スタック：（　　　　　）に自身が出演した映画が（　　　）した後、SNS上で（　　　　　　　）で話題となった。

この夏のお薦めはこれ!!

舞台は AI が（　社会　）を支配する近未来

※1 On-Location Films の最新作
『フィクションファン』

あの※2 フレディ・スタックの映画会社がファンを魅了！

....

わずか（ 88 ）分の短編に、
コメディ、（ホラー）、（ラブストーリー）が凝縮！

（セレブ）のディープフェイクビデオも必見！

ABDCE 映画レビューで、なんと（ 4 ）星を獲得！

....

《試写感想より抜粋》
この映画を見るまでは AI と（　人類　）の未来に（　不安　）を感じていましたが、この映画を見て（　大笑い　）しました。

※1 On-Location Films: 映画俳優フレディ・スタックが率いる（独立 [インディーズ]）系映画会社。

※2 フレディ・スタック:（2015 年）に自身が出演した映画が（大ヒット）した後、SNS 上で（「フレディはどこ？」ミーム）で話題となった。

3 読み方のコツ

● 映画レビューの書き方のポイント

まだ作品を鑑賞していない人にどの程度の内容を伝えるかが、とても大切なポイントです。まず、ホラーやコメディ、恋愛映画などの、ジャンル説明は必須です。ルールは No spoilers! (ネタバレなしで!)。spoiler とは「映画や小説、テレビ番組などの筋の情報を与えすぎてネタバレさせる行為」を指します。　例：The part of a review which gives too much information about a plot is called a "spoiler." (レビューの中で、あらすじに関する情報を与えすぎているものを spoiler と呼ぶ)。また動詞 spoil の使い方の例も挙げておきます。　例：A reviewer should not spoil the fun of watching a movie for other people. (評論家は他の人の映画を見る楽しみを台無しにしてはいけない)

● 推量の助動詞

レビューでは相手に期待を持たせ、判断させるために、推量の助動詞が多く使われます。might は may の過去、could は can の過去とだけ覚えているかもしれませんが、推量の意味を持つこともしっかり覚えましょう。可能性の度合いの大きさは以下のとおりです。

1. must「〜に違いない」 ❯ **2.** will「〜だろう」 ❯ **3.** can「〜でありうる」 ❯
4. may「たぶん〜だろう」 ❯ **5.** might / could「ひょっとして〜かもしれない」

　また、this short film (only 88 minutes) will make you laugh. It also might make you cry, (この短い映画—たった88分—はあなたを笑わせるだろう。またあなたを泣かせるかもしれない)、では will と might が使われています。つまり、笑わせる可能性の方が、泣かせる可能性よりもずっと大きいのです。

● worse than to の隠れた意味

You could do worse than to 〜は「〜するのも悪くない」、あるいは「〜するものいいよ」という日本語訳がしっくりくる場合もあります。レビューの冒頭の If you're looking for a great movie to watch this summer, you could do worse than to check out "Fiction Fan." は「見たい映画をお探しならば『フィクションファン』を見るのはいかがでしょうか?」と勧める口調が適切です。もう一つ例を挙げます。　例：If you want to earn a lot of money, you could do worse than trying to become a popular actor. (大金を稼ぎたいなら、人気俳優になるのもいいですよ)

● studio も shop も「映画制作会社」を意味する

レビューの2文目に independent movie studio、2段落目の2文目に independent shop があります。studio も shop も「映画制作会社」を意味します。

Unit 15

▶ 会話を膨らませよう!

古い映画が突然、リバイバルということもありますね。例えば "Love Story"
(『ある愛の詩』) について2文で説明して、と言われたら?

"Love Story" is the story of a young couple who had a happy life
despite their poverty. I really like the line "Love is never having to
say you're sorry."

(『ある愛の詩』は貧しいながらも幸せな生活を送った若い二人の愛の物語です。
私は「愛とは決して後悔しないこと」というセリフが大好きです)

 よりよく英文を理解するために、スラッシュの箇所でかたまりごとに意味を
考えて読みましょう。さらに音声でも聞いてください。

 26 ....●

If you're looking for a great movie / to watch this summer, / you could do
worse than to check out "Fiction Fan." / That's the latest offering / from
independent movie studio On-Location Films. / The story takes place /
in a near-future world / where artificial intelligence has come to control
society, / but not in the ways you might expect. / It would be difficult / to
provide more details / without spoiling the main plot twist. / I'll leave it
at this: / If "Fiction Fan" correctly predicts the future of AI and
humanity, / we have a lot to worry about, / but even more to laugh
about. / Part comedy, part horror show, part love story, / this short film
(only 88 minutes) will make you laugh. / It might also make you cry, /
depending on how you feel about deepfake videos / of your favorite
celebrities—enough said!

On-Location Films is a studio / to watch in the coming years. / It's the
surprisingly productive independent shop / run by Freddy Stack. / Yes,
that Freddy Stack. / After one surprise hit role as an actor in 2015, / he
seemed suddenly to disappear / from the Hollywood indie scene. / With
"Where's Freddy?" memes trending on social media, / he seemed famous /
for not being anywhere ... until two years ago, that is. / Since then, / his
On-Location Films Company has begun to attract a growing fan base. /
On-Location Films has now created / three popular hit films. / "Fiction

Fan" is the best one yet, / earning a rare four stars out of five from me. / Watch it! /

Rating: ★★★★☆.

(**日本語訳**)

　この夏、見たい映画をお探しならば「フィクションファン」をチェックするのはいかがでしょうか? 独立系映画会社 On-Location Films(オンロケーション・フィルムズ社)が提供する最新作です。 物語は、人工知能 (AI) が社会を支配するようになった近未来の世界を舞台にしていますが、あなたが予想するような形ではないでしょう。詳細を語ると、あらすじのネタバレになってしまいます。こう言うにとどめておきますが、もし『フィクションファン』が人工知能と人類の未来を正しく予測しているとしたら、私たちは多くのことを心配しなければなりませんが、それ以上に笑うべきことがある、ということです。コメディでもあり、ホラーでもあり、ラブストーリーでもあるこのショートフィルム(わずか88分)は、あなたを笑わせるでしょう。お気に入りのセレブのディープフェイク・ビデオを見てどう感じるかによっては、泣けるかもしれません。——これだけ話せば十分ですね!

　オンロケーション・フィルムズ社は、これから注目すべきスタジオです。フレディ・スタックが運営する、驚くほど生産性の高い独立した映画制作会社です。はい、あのご存知フレディ・スタックです。スタックは、2015年に出演した映画で驚くべき1本のヒットをとばした後、ハリウッドのインディーシーンから突然、姿を消したように思われました。ソーシャルメディアで流行している「フレディはどこにいるの?」ミームで、彼はどこにもいないことで有名でした……2年前までは、ってことですが。それ以来、彼のオンロケーション・フィルムズ社は拡大するファン基盤を魅了し始めています。オンロケーション・フィルムズは現在、3本の人気ヒット作を生み出しています。『フィクションファン』は今までで最高の、5つ星のうち、非常にまれな4つ星を獲得しています。必見です!

Unit
15

151

英文の内容について下記の設問に答えましょう。解答と解説、翻訳はこの下にあります。

Q1 What does the movie reviewer say about "Fiction Fan"?
(A) It is the final movie from On-Location Films.
(B) It is a low-budget film.
(C) It has an interesting storyline.
(D) It was a hit movie in 2015.

Q2 What is true about On-Location Films?
(A) It has several branch offices.
(B) It promotes on-location shoots for dramas.
(C) It is an advertising firm run by Freddy Stack.
(D) It is a promising studio.

解答と解説

Q1 解答 C
映画評論家は『フィクションファン』について何と言ってますか?
(A) オンロケーション・フィルムズ社の最後の映画である。
(B) これは低予算で制作された映画である。
(C) 話の筋が面白い。
(D) 2015年のヒット映画だった。

解説 1段落目の最後から2文目、this short film (only 88 minutes) will make you laugh. から、面白い映画だとわかるので正解は (C) です。最近の (the latest) 映画だが、final (最後の) 映画とは言っていないので、(A) は誤答。予算 (budget) について言及がないので、(B) も誤答。2015年はスタックが出演した映画の公開年なので (D) も誤答。

Q2 解答 D
オンロケーション・フィルムズ社について、正しいのはどれですか?
(A) いくつかの支社がある。
(B) ドラマ撮影現場の誘致活動をしている。
(C) フレディ・スタックが経営している広告会社である。
(D) 有望な映画会社である。

解説 On-Location Films について何が事実かと問われています。第2段落冒頭の On-Location Films is a studio to watch in the coming years. や、その次に続く文の surprisingly productive independent shop など、将来有望であることがわかるので、正解は (D) です。このように、各段落の冒頭文は大切です。

難易度 ●●●●● 3　226語（やや短い）　テクノロジー／解説　🇺🇸 女

1 あなたは、英語のプライベートレッスンを受けています。今日の課題は以下のプリントを読むこと。あとで先生から内容について質問されると言われています。

● まず、以下の課題プリントを5分を目標に読みましょう。次ページの「単語のヘルプ」も適宜、参照してください。

Household Technology

A century ago, electricity brought on a revolution in housekeeping. Refrigerators, vacuum cleaners and washing machines seemed like miracles of technology at the time, and they certainly made daily life easier. Today, household appliance manufacturers are hoping that a new wonder, artificial intelligence (AI), will transform homemaking yet again. The first generation of household robots began about 20 years ago, with devices that rolled around the house sweeping floors automatically. The simple, early devices used sensors to recognize walls and stairs. But newer, more sophisticated sweepers can communicate with their owners and learn the layout of each room, including the positions of obstacles, and the habits of their owners. They can take remote orders by mobile phone and automatically adjust cleaning to fit high-traffic and low-traffic areas. Similar technologies are now being used to automate lawn mowers.

But even more progress is just around the corner. Household robotics is about to move beyond the simple tasks of cleaning and trimming surfaces. For example, human-like robots are being developed to care for elderly family members. They could help with nursing staff shortages, which are becoming a widespread problem. And home security systems are being developed to recognize individual faces and to identify various sounds and motions. These could help the system determine when an approaching object is an unwanted visitor or just a passing cat.

Unit 16

他にもわからないものがあったら、辞書で調べて書き足しておきましょう。

bring on a revolution 革命をもたらす

housekeeping 家事 ※homemaking も同じ意味。

vacuum cleaner 掃除機

washing machine 洗濯機

household appliance manufacture 家電メーカー

transform 〜 〜を変える

device 装置

roll around 〜 〜を動き回る

sweep floors 床を掃除する

sophisticated sweeper 洗練された掃除機

obstacle 障害物

take remote order 遠隔操作を受ける

adjust 〜 〜を調整する

high-traffic and low-traffic areas 出入りの多い場所と少ない場所

automate lawn mower 芝刈り機を自動化する

be just around the corner すぐそこまで来ている

be about to 〜 〜しようとしている

nursing staff shortage 看護師の不足

identify 〜 〜を識別する

approaching object 近づいてくる物体

unwanted visitor 望まない訪問者

TASK

2 記事の内容に基づき先生からの質問に答えましょう。会話文の空欄を、ヒントを参考に埋めてください。解答と訳は次ページにあります。

先生： Can you tell me what kind of electric appliances brought on a revolution a century ago?

あなた： Refrigerators, vacuum cleaners and washing machines made daily life ①「より楽に」(　　　　　). And now household appliance makers hope AI will ②「形を変える」(　　　　) ③「家事」(　　　　) yet again.

先生： Right! What did the first generation of household robots look like 20 years ago?

あなた： The early devices used sensors to ④「認識する」(　　　　　) walls and stairs.

先生： What about the newer sweepers?

あなた： They can ⑤「やりとりする」(　　　　　) with their owners and learn the layout of each room, including the positions of ⑥「障害物」(　　　　). I was very surprised to know that they are able to learn the ⑦「癖」(　　　　) of their owners. They can also take remote ⑧「指示」(　　　　) by mobile phone. Another thing they can do is automatically ⑨「避ける」(　　　　) people when they clean areas. And similar technologies are now being used to automate ⑩「芝刈り機」(　　　　)(　　　　).

先生： Yes, and even more progress is just around the corner. Can you give me an example?

あなた： One example is human-like robots that are being developed to care for ⑪「高齢の家族」(　　　　)(　　　　)(　　　　). They can make up for ⑫「看護職員の不足」(　　　　)(　　　　)(　　　　).

先生： Do you know how home security systems are being developed?

あなた： Yes. They are being developed to ⑬「認識する」(　　　) individual faces and to identify various sounds and motions. I wonder how they can ⑭「判断する」(　　　　) when an approaching object is an ⑮「望まれていない」(　　　　) visitor. I can understand how they can determine when a cat is approaching, though.

先生： Can you tell me what kind of electric appliances brought on a revolution a century ago?

あなた： Refrigerators, vacuum cleaners and washing machines made daily life ① (easier). And now household appliance makers hope AI will ② (transform) ③ (homemaking) yet again.

先生： Right! What did the first generation of household robots look like 20 years ago?

あなた： The early devices used sensors to ④ (recognize) walls and stairs.

先生： What about the newer sweepers?

あなた： They can ⑤ (communicate) with their owners and learn the layout of each room, including the positions of ⑥ (obstacles). I was very surprised to know that they are able to learn the ⑦ (habits) of their owners. They can also take remote ⑧ (orders) by mobile phone. Another thing they can do is automatically ⑨ (avoid) people when they clean areas. And similar technologies are now being used to automate ⑩ (lawn)(mowers).

先生： Yes, and even more progress is just around the corner. Can you give me an example?

あなた： One example is human-like robots that are being developed to care for ⑪ (elderly)(family)(members). They can make up for ⑫ (nursing)(staff)(shortages).

先生： Do you know how home security systems are being developed?

あなた： Yes. They are being developed to ⑬ (recognize) individual faces and to identify various sounds and motions. I wonder how they can ⑭ (determine) when an approaching object is an ⑮ (unwanted) visitor. I can understand how they can determine when a cat is approaching, though.

（ **日本語訳** ）

先生： どのような電気機器が 1 世紀前に革命をもたらしましたか?

あなた： 冷蔵庫、掃除機、洗濯機は日常生活をより楽にしてくれました。そして今、家電メーカーは人工知能が再び家事の形を変えることを期待しています。

先生： その通りです! 20 年前、家庭用ロボットの第一世代はどのようなものでしたか?

あなた： 初期の装置はセンサーを使って壁や階段を認識していました。

先生： 新しい掃除機はどうですか?

あなた： 新しい掃除機は持ち主とコミュニケーションを取ることができ、障害物の位置も含め、各部屋のレイアウトを学べます。私は持ち主の習慣を学べると知って驚きました。携帯電話で

遠隔指示を受けることもできます。もう一つ、掃除する際に自動的に人を避けることもできます。そして同様のテクノロジーが芝刈り機の自動化にも使われています。

先生： そして、さらなる進歩はそこまで来ていますね。例を挙げてくれますか？

生徒： 例えば、人間のようなロボットが高齢者を介護するために開発されています。これらは看護職員の不足を補うことができます。

先生： あなたはホームセキュリティシステムが、どのように開発されているかを知っていますか？

あなた： はい。ホームセキュリティシステムは個人の顔を認識し、そしてさまざまな音と動きを識別するように開発されています。私は、近づいてくる物体が不審者である場合に、ホームセキュリテイシステムがどうやって判断できるのか不思議です。近づいてくる物体が猫であることをなぜ判断できるかは、理解できますが。

Unit
16

よくがんばりました

3 読み方のコツ

● タイトルから内容を推測しよう

たくさんのヒントが詰まっているタイトルは、読み飛ばすには惜しい要素です。Household technology から、家電テクノロジーに関する話だと推測できます。また本文の a century ago や 20 years ago といった言葉から、過去から現在へと話が移る、つまり進化についての話だとわかります。

● 逆説のディスコースマーカーは強調に使われる

逆説のディスコースマーカーの直後には、重要な情報が来ます。第1段落目の半ば過ぎの But newer, more sophisticated sweepers can communicate with their owners …, and the habits of owners.（しかし、新しい掃除機は持ち主とコミュニケーションが取れ……持ち主の習慣をも学べます）と最新の掃除機について書かれています。また第2段落の冒頭では But even more progress is just around the corner.（しかし、さらなる進展はすぐそこまで来ています）で話の新しい展開が示されています。

● 現在進行形の受け身

AIは日々進化し、使用されているので、現在進行形の受け身に注目しましょう。more progress の例として、For example, human-like robots are being developed（例えば、人間のようなロボットが開発されている）とあります。この、「主語 + be動詞 + being + 過去分詞 + (by。省略可)」の公式を覚えてますか?

　第1段落の最後の文には Similar technologies are now being used to automate lawn mowers.（同様のテクノロジーが芝刈り機の自動化に使われている）、また、最後から2文目にも And home security systems are being developed to recognize individual faces, … .（そしてホームセキュリティシステムは個人の顔を認識し…のために開発されている）と現在進行形の受け身が使われています。

● high-traffic and low-traffic とは?

traffic は「交通」の意味ですが、high、low で修飾する場合は、「人の出入り・ウェブサイトのアクセス量」を意味します。この文中では「人の出入りが多いことと少ないこと」を意味します。例: low-traffic website（アクセス量の少ないウェブサイト）、It is important to keep the electric appliances out of high-traffic areas.（電化製品は人のよく通る場所から離す必要がある）。

　交通量と間違えないよう注意しましょう。交通量が多い場合は heavy traffic、少ない場合は light traffic です。

▶ 話題を広げて話そう!

介護ロボットについて、あなたなら何と説明しますか？　以下は一例です。
Human-like robots are being developed to care for elderly family members. Humans care for people with much affection, but robots cannot do so. Robots should only be used to perform simple work.
（人間のようなロボットが高齢の家族を介護するために開発されています。人間は他者を大きな愛情を持ってお世話することができますが、ロボットにはそれができません。ロボットは単純作業を行うためだけに使われるべきです）

 よりよく英文を理解するために、スラッシュの箇所でかたまりごとに意味を考えて読みましょう。さらに音声でも聞いてください。

 27

Household Technology

A century ago, / electricity brought on / a revolution in housekeeping. / Refrigerators, vacuum cleaners and washing machines / seemed like miracles of technology at the time, / and they certainly made / daily life easier. / Today, / household appliance manufacturers are hoping / that a new wonder, artificial intelligence (AI), / will transform homemaking yet again. / The first generation of household robots / began about 20 years ago, / with devices that rolled around the house sweeping floors automatically. / The simple, early devices / used sensors / to recognize walls and stairs. / But newer, more sophisticated sweepers / can communicate with their owners / and learn the layout of each room, / including the positions of obstacles, / and the habits of their owners. / They can take remote orders by mobile phone / and automatically adjust cleaning to fit high-traffic and low-traffic areas. / Similar technologies are now being used / to automate lawn mowers. /

But even more progress / is just around the corner. / Household robotics / is about to move beyond / the simple tasks of cleaning and trimming surfaces. / For example, / human-like robots are being developed / to care for elderly family members. / They could help with / nursing staff shortages, / which are becoming a widespread problem. / And home security systems are being developed / to recognize individual faces / and to identify various sounds and motions. / These could help

Unit
16

the system determine / when an approaching object / is an unwanted
visitor / or just a passing cat. /

(**日本語訳**)

1世紀前、電気は家事に革命をもたらしました。冷蔵庫や掃除機、洗濯機は、当時の技術の奇跡
のようで、確かに日常生活を楽にしてくれました。今日、家電メーカーは、新しい驚異である人工知
能（AI）が再び家事の形を変えることを期待しています。一世代目の家庭用ロボットは約20年前に
生まれ、家の中を動き回る装置がついていて自動的に床を掃除しました。初期のシンプルな装置
は、センサーを使って壁や階段を認識していたのです。しかし、新しい洗練された掃除機は、持ち
主とコミュニケーションを取り、各部屋のレイアウト、障害物の位置、持ち主の習慣を学ぶことがで
きます。携帯電話で遠隔操作を受けたり、人の出入りの多い場所や少ない場所に合わせて自動的
に掃除を調整することができるのです。同様の技術が現在、芝刈り機の自動化に使われています。
　しかし、さらなる進展はすぐそこまで来ています。家庭用ロボットは、表面の掃除やトリミングとい
った単純な作業を超えようとしているのです。例えば、高齢の家族を介護するために人間のようなロ
ボットが開発されています。それらは、大きな問題となっている看護職員の不足を補うことができま
す。また、個人の顔を認識し、さまざまな音や動きを識別するホームセキュリティシステムも開発され
ています。これらは、近づいてくる物体が望まない訪問者（不審者）であるか、単に通りかかった猫
であるかをシステムが判断するのに役立ちます。

5 英文の内容について下記の設問に答えましょう。解答と解説、翻訳は次ペ
ージにあります。

Q1 What is something that newer, more sophisticated sweepers
cannot do?
(A) Be controlled from a mobile phone.
(B) Learn the layout of the rooms they clean.
(C) Put away the obstacles they come across.
(D) Adjust how they clean high- and low-traffic areas.

Q2 What claim does the article make?
(A) About 50 years ago, electricity brought a revolution.
(B) About 30 years ago, the first generation of household robots
appeared.
(C) Human-like robots are being developed to take care of senior
citizens.
(D) Highly-developed home security systems are selling very well.

解答と解説

Q1　正解　C
より新しく、洗練された掃除機ができないことの一つは何ですか？
(A) 携帯電話から操作ができる。
(B) 掃除をする部屋のレイアウトを学ぶ。
(C) 出会った障害物を取り除く。
(D) 人の出入りの多い、少ない場所で、掃除方法を調整できる。

解説 learn the positions of obstacles（障害物の位置を学ぶ）とはあるが、put away（取り除く）とは言っていないので、正解は (C)。(D) の high- and low-traffic（人の出入りの多い場所と少ない場所）もしっかり理解しましょう。

Q2　正解　C
記事は何を主張していますか？
(A) 約50年前、電気が革命をもたらした。
(B) 約30年前に初代家事ロボットが登場した。
(C) 人間のようなロボットが高齢者の世話をするために開発されている。
(D) 高度に開発されたホームセキュリティシステムがよく売れている。

解説 For example ～を読み取り、単語の言い換えに注意しましょう。2段落目、3文目の For example, human-like robots are being developed to care for elderly family members. が読み取れれば、正解は (C) とわかります。care for が take care of に、elderly family members が senior citizens に言い換えられています。

Unit
16

6 最後に、先生からの質問に口頭で答えてみます。スラッシュの箇所で「あなた」の発言を繰り返しましょう。

🎧 **28**

先生：Can you tell me what kind of electric appliances brought on a revolution a century ago?

あなた：Refrigerators, vacuum cleaners and washing machines made daily life easier. / And now household appliance makers hope / AI will transform homemaking yet again. /

先生：Right! What did the first generation of household robots look like 20 years ago?

あなた：The early devices used sensors to recognize walls and stairs. /

先生：What about the newer sweepers?

あなた：They can communicate with their owners, / and learn the layout of each room, / including the positions of obstacles. / I was very surprised to know that / they are able to learn the habits of their owners. / They can also take remote orders by mobile phone. / Another thing they can do is / automatically avoid people when they clean areas. / And similar technologies are now being used to automate lawn mowers. /

先生：Yes, and even more progress is just around the corner. Can you give me an example？

あなた：One example is human-like robots / that are being developed to care for elderly family members. / They can make up for nursing staff shortages. /

先生：Do you know how home security systems are being developed?

あなた：Yes. / They are being developed to recognize individual faces / and to identify various sounds and motions. / I wonder how they can determine / when an approaching object is an unwanted visitor. / I can understand how they can determine / when a cat is approaching, though. /

よくがんばりました

Reading を鍛える！

Chapter 4
読んだ情報を相手に伝える　上級編

最後に、やや長めの英文リーディングにチャレンジしましょう。「単語の
ヘルプ」を参考にしながら、辞書も使いつつ、TASKに答えるための情報
だけを取りに行く読み方でも結構です。その後で、ストーリーの細かい
部分までしっかり理解できるよう、丁寧に読み込むといいでしょう。最
後のページまで、走り抜きましょう！

難易度 ●○○○○○ 1　　182語（短い）　　教育／意見　　🇬🇧 男

1 「オンライン授業の是非」について賛成、反対に分かれてディスカッションすることになりました。あなたは、反対チームの意見を読んで、賛成側の立場で意見を述べなければなりません。まずは反対意見を読みましょう。

● まず、以下を5分を目標に読んでみましょう。次ページの「単語のヘルプ」も適宜、参照してください。

The number of universities and colleges offering online courses has grown rapidly in recent years. Online learning offers secondary-education-level courses to people from backgrounds that might not have been able to attend university. But, unfortunately, there is still a feeling, both with employers and educators, that online courses are somehow worth less than classroom courses.

This often means that universities pay instructors less to put together these courses and run them. And they pay less attention to the quality of the materials. Too often, universities see online learning as a quick way to make money, and they allow enormous numbers of students to enroll. With student numbers in the hundreds or even thousands, no instructor has enough time to understand the needs of individual students. It also reduces the chances for useful discussions. When an online discussion involves 200 students, only the loudest voices will be heard, and discussion becomes difficult to moderate.

Hopefully, as online learning becomes more established, educators will deal with these issues. One day, perhaps online degrees will be just as respected as those earned in a classroom.

単語のヘルプ

他にもわからないものがあったら、辞書で調べて書き足しておきましょう。

secondary-education-level course　中等教育レベルのコース

attend 〜　〜に通う

employer　雇用者

somehow　どうしたものか

pay ＋目的語〜　（目的語）に〜を支払う

put together 〜　〜をまとめる・〜を準備する

pay attention to 〜　〜に注目する

quality of materials　教材の質

see A as B　AをBとみなす

make money　金を稼ぐ

allow ＋目的語＋ to 〜　（目的語）が〜するのを許す

enroll　入学する

reduce chances for 〜　〜の可能性を低くする、〜しにくくする

moderate　司会をする、調整する

hopefully　願わくば、〜だといいのですが

become established　名声が確立される・認められる

deal with 〜　〜に対処する

online degree　オンラインの学位

Unit
17

2 本文に述べられているオンライン授業の短所に、まずは日本語で反論してみました。これを英語にしてみましょう。模範解答例は下にあります。

① Universities see online learning as a quick way to make money. (大学はオンライン授業を金もうけの手っ取り早い方法として見ている) →
オンラインコースの授業料は、従来の大学の授業料より安い。

___

② Universities pay less attention to the quality of material. (大学は教材の質にあまり注意を払わない) It reduces chances for useful discussions because there are too many students in online courses. (オンラインコースは生徒が多過ぎて、有益なディスカッションの機会が少なくなる) →
オンライン授業の教材は、大学の教室で使用されるものと同じくらい質が良い。学生はビデオ技術を使って効果的なディスカッションができる。

___

③ Universities allow enormous numbers of students to enroll. (大学はオンライン授業に膨大な数の学生を入学させている) →
オンライン授業は時間がある時に学びたい人が家から学べる。

___

④ Online degrees are not respected as much as those earned in classrooms. (オンライン授業の学位は、教室で得た学位ほど評価されていない) →
オンライン授業の学位は、教室で得た学位と同じくらい、評価されるべきだ。

___

模範解答例

① Online course tuition is lower than that of traditional universities' tuition.
② The quality of material is as good as that of used in classrooms. Students can have effective group discussions by using video conference technology.
③ Students can take online lessons from home whenever they have time.
④ Online degrees should be respected as much as those earned in classrooms.

TASK 2

では2.で作った①～④に適宜情報を追加しながら、オンライン教育は実際の授業と同等だという意見を160語程度の英語で書いてみましょう。模範解答例は次ページにあります。

The number of universities and colleges offering online courses has grown rapidly in recent years. I think online courses are as good as classroom courses for the following reasons.

First, online course tuition is lower than that of traditional universities' tuition. People who are not able to attend traditional universities due to economic reasons can study through online courses.

Second, the quality of the material used in online courses is as good as that of the material used in university classrooms. Students can engage in effective group discussions by using video conference technology. And those lecture videos can be replayed many times.

Third, students can take online lessons whenever they have time. Even when there is an epidemic going around and the number of students allowed in physical classrooms is limited, almost anybody who wants to study can take online courses from home.

Because of these three reasons, I think we should respect online degrees as much as those earned in university classrooms.

(**日本語訳**)

オンラインコースを提供する大学の数は近年急速に増加しています。私は以下の理由から、オンラインコースは教室のコースと同じくらい良いと思います。

まず、オンライン授業料は従来の大学の授業料より安いのです。経済的な理由で従来の大学に通うことができない人は、オンライン講座で学ぶことができます。

第二に、オンライン授業で使用される教材の質は、大学の教室で使用されるものと同等です。学生はビデオ会議の技術を使って効果的なグループディスカッションができます。そしてこうした講義ビデオは何度も再生できます。

第三に、学生は時間があればオンラインレッスンを受けることができます。流行病が蔓延していて、実際の授業を受けられる生徒の数が限られている場合でも、勉強したいと思うほとんどの人が、自宅からオンライン講座を受講することができます。

この3つの理由から、私たちは大学の教室で取得したものと同じくらいオンライン学位を尊重すべきだと思います。

答え合わせをした後に、音声を聞き、一文ずつ止めて声に出して読んでみましょう。

 29

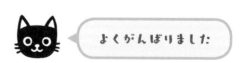

よくがんばりました

3 書き方・読み方のコツ

● エッセーの構成

意見をエッセーにまとめるには、最初に自論を述べ、次にその理由を2～3点挙げて説明し、最後に再度、自分の意見を繰り返します。話す場合も同じです。1. Introduction　2. Main body　3. Conclusionとなります。ここのMain bodyは、①経済的な理由、②教材や学び方の理由、③時間的な理由という組み立てですが、これはどういう順番でもかまいません。

● 段落ごとの読み方

1段落目：大学のオンラインコースの増加について説明し、But, unfortunatelyで通常 (教室) のコースほど価値が認められていないと述べます。

2段落目：冒頭の This は「この現状は」を意味し、1段落目の理由を述べます。

3段落目：Hopefullyで、オンライン授業の向上を願っていることを述べます。

● 助動詞の過去の推量

2文目の、people from backgrounds that might not have been able to attend university (大学に行くことができなかったかもしれない人々) の might not have been は過去を推量しています。このように過去を推量する時は、「助動詞＋have＋過去分詞」を使います。

1. cannot have ＋過去分詞　～だったはずがない

2. may / might have ＋過去分詞　～だったのかもしれない (might の方が控えめ)

3. must have ＋過去分詞　～だったに違いない

4. should (not) have ＋過去分詞　～すべきだった (～すべきではなかった)

● 人に関する接尾辞の er と ee

最初の段落の最後にemployer (雇用主) が登場します。反語はemployee (従業員) です。interviewer (インタビューする人) とinterviewee (インタビューされる人) などの対となる語も覚えておきましょう。

Unit
17

 ▶ 話題を広げて話そう!

従来の授業に賛成する意見も言えるようになりましょう。

「大学に通いながら、新しい人々に会えます。学部以外の人々と知り合いになれるのも、いいことです」

英語訳：Students meet new people while attending college. It is also good for them to get to know the people outside of their department.

4 よりよく英文を理解するために、スラッシュの箇所でかたまりごとに意味を
考えて読みましょう。さらに音声でも聞いてください。

30

The number of universities and colleges / offering online courses / has grown rapidly / in recent years. / Online learning offers / secondary-education-level courses / to people from backgrounds / that might not have been able to attend university. / But, unfortunately, / there is still a feeling, / both with employers and educators, / that online courses are somehow / worth less than classroom courses.

This often means / that universities pay instructors less / to put together these courses and run them. / And they pay less attention to / the quality of the materials. / Too often, universities see online learning / as a quick way to make money, / and they allow enormous numbers of students / to enroll. / With student numbers in the hundreds or even thousands, / no instructor has enough time / to understand the needs of individual students. / It also reduces / the chances for useful discussions. / When an online discussion / involves 200 students, / only the loudest voices will be heard, / and discussion becomes difficult to moderate. /

Hopefully, as online learning becomes more established, / educators will deal with these issues. / One day, / perhaps online degrees / will be just as respected as / those earned in a classroom.

（　日本語訳　）

オンラインコースを提供する大学の数は近年急速に増加しています。オンライン授業は、大学に通えなかったような経歴の人たちに、中等教育レベルのコースを提供します。しかし残念なことに、雇用者と教育者の両方に、オンラインコースは教室でのコースよりもなぜか価値が低いという感情が、いまだにあります。

　この状況は、大学が教員に、これらのコースをまとめ、教えることに、たいして報酬を支払っていないことを意味します。また、教材の質にもあまり注意を払っていません。あまりに頻繁に、大学はオンライン学習を、金儲けの手っ取り早い方法だと考え、膨大な数の学生を入学させています。数百人、それどころか数千人の生徒を抱えているため、個々の生徒のニーズを理解するための十分な時間を持つ指導者は一人もいません。また、有益なディスカッションの機会も少なくなります。200人の学生が参加するオンライン討論では、一番大きな声だけが聞こえ、討論は調整が難しくなります。

　オンライン授業がより認められるにつれて、教育者がこれらの問題に対処することを期待します。いつの日か、オンライン学位は教室で得た学位と同じくらい尊重されるようになるでしょう。

5 英文の内容について下記の設問に答えましょう。解答と解説、翻訳はページの下にあります。

Q1 According to the article, who probably takes online university courses?
(A) Busy office workers who cannot attend university.
(B) People who might not have previously been able to go to university.
(C) People who need new skills.
(D) University students who are busy working part-time jobs.

Q2 According to the article, what can be inferred?
(A) Company presidents feel that online courses are inferior to classroom courses.
(B) The quality of online courses will not improve.
(C) Online instructors have never paid attention to the quality of the materials.
(D) Educators do not teach as fast as they could.

Q1 解答 B
記事によれば、おそらく誰が大学のオンラインコースを受講しますか?
(A) 大学に通えない忙しい会社員。
(B) 大学に、以前行けなかったかもしれない人々。
(C) 新しいスキルが必要な人々。
(D) アルバイトで忙しい大学生たち。

　解説　オンライン授業の受講者層が問われています。最初の段落の2文目にOnline learning offers ～ to people from backgrounds that might not have been able to attend university. とあることから、「オンライン教育を大学に通えなかった人たちに提供する」とは、「大学に行けなかったかもしれない人々」が受講するかもしれないことを意味するので、正解は (B) だとわかります。

Q2 解答 A
記事によれば何が推測できますか?
(A) 会社の社長はオンラインコースは教室のコースより劣っていると思っている。
(B) オンラインコースの質は良くならないだろう。
(C) オンラインの講師は教材の質に注意を払ったことがない。
(D) 教育者たちはできるだけ速く教えようとしない。

　解説　最初の段落の最終行でboth with employers and educators, that online

courses are somehow worth less than classroom courses.（雇用者と教育者の両方に、オンラインコースは教室でのコースよりもなぜか価値が低いという感情がある）とあります。employer ⇒ president、worth less than ⇒ inferior と言い換えられていることが理解できれば、正解は (A) です。

2020年3月、アメリカの大学の講師の75％は、オンライン授業での学習成果が教室の授業と同等かそれ以上であると認識しているという調査結果が出ています。通常の授業に比べ、オンラインの授業には受講する側にmotivation（やる気）が求められますし、一概に優劣を言うのは難しいかもしれません。またオンラインコースのdiploma（卒業証書）は近年、通学する大学と同程度に評価される傾向があります。ですが、読む時にはこうした一般論や先入観は脇に置きましょう。また問題にもAccording to the article,（記事によれば）とあるので、読んだことだけから正解を導き出しましょう。

よくがんばりました

Unit 18 3D 映画はお好き?

難易度 ●●●○○ 3 | 424語(やや長い) | 映像技術／評論 | 🇬🇧 男

1 あなたは英文雑誌に載っている3D映画についての評論記事を読みます。その後で、映画好きのスーザンと3D映画について会話をします。

● まず、以下の記事を15分を目標に読みましょう。次ページの「単語のヘルプ」も適宜、参照してください。

The Problem With 3-D Movies

Movie lovers sometimes have a difficult relationship with 3-D. The technology isn't new. Theaters have shown films in 3-D since the 1950s, and every once in a while, there is a sudden rise in interest. Then, not long afterward, that interest slowly seems to fade. The most recent boom in 3-D films started with the science-fiction movie "Avatar" in 2009. But recent reports show that over the last few years, audiences have been attending fewer and fewer 3-D shows.

So, why does our interest in this effect seem to rise and fall? Film critics and fans of the technology sometimes argue that only certain kinds of films — usually action-adventure or fantasy stories — should get the 3-D treatment. They say that adding 3-D to dramas, for example, doesn't add anything to the story and will cause audiences to get bored with it. But is it just boredom that is making us lose interest?

Part of the problem is, of course, money. Ticket prices are higher for a 3-D show, so when the boom had just started, film producers advertised 3-D as a kind of "thrill ride" to convince audiences to pay a little extra. But the movie theater isn't a theme park. Audiences in theaters pay for tickets because they want to see a good story, not a special effect. Even the most impressive 3-D effects won't improve a disappointing story. Naturally, over time, audiences have become cautious about which films are worth the risk. No one wants to pay extra money to be disappointed.

Unit
18

There are also a few issues with the technology. Most people don't enjoy wearing the glasses required for 3-D movies. And even fewer enjoy wearing 3-D glasses on top of their regular glasses. To make matters worse, a few people experience problems with their eyes due to the way the glasses work. Some get mild headaches and dizziness. The glasses also make the screen slightly darker and cause fast movements in the film to be unclear. This can make some movies difficult to watch, particularly those with a lot of action.

The world isn't finished with 3-D yet. With the rise of video-streaming services at home, film producers are always searching for ways to make the theater experience unique. And new technologies are being researched that might, one day, let us watch 3-D movies in theaters without glasses. When that day arrives, perhaps the popularity of 3-D will rise again. And if prices come down, it could become the way we watch every film.

単語のヘルプ

他にもわからないものがあったら、辞書で調べて書き足しておきましょう。

show ～　～を上映する

every once in a while　たまに

fade　褪せる

science-fiction movie "Avatar"　SF映画の『アバター』　＊『アバター』は2009年公開のジェームズ・キャメロン監督によるアメリカ映画。3D映像による劇場公開が注目された。

in this effect　実際に

film critics　映画評論家

argue ～　～を主張する

treatment　処理、表現方法

cause ＋目的語＋ to 不定詞～　目的語に～させる

boredom　退屈

advertise A as B　AをBとして宣伝する

thrill ride　絶叫マシーン

convince ＋目的語 to ～　～するよう(人)を納得させる

theme park　テーマパーク

special effect　特殊効果

improve ～　～を良くする

become cautious about ～　～に注意深くなる

worth the risk　リスクを取る価値がある

glasses required for 3-D movies　3Dに必要な眼鏡

to make matters worse　さらに悪いことには

due to ～　～のせいで

dizziness　めまい

with the rise of ～　～の増加と共に

video-streaming service　映像配信サービス

search for ～　～を探す

2 先ほど英文雑誌で仕入れた3D映画についての情報を基に、映画好きのスーザンと話をします。空欄に適切な単語を入れましょう。解答と翻訳は次のページにあります。

Susan：I really like 3-D movies. Did you know theaters have shown films in 3-D ①以来 (　　　　) the 1950s? I loved "Avatar," the science-fiction movie, ②上映された (　　　　) in 2009.

You：I like 3-D action-adventure or fantasy stories, but I'm not interested in 3-D dramas.

　　　The 3-D effect causes me to get ③退屈な (　　　　). Plus the price of 3-D movie tickets is ④より高い (　　　　) than that of regular movies! I don't want to pay extra just for a ⑤特殊効果 (　　)(　　　　). Movie theaters aren't ⑥テーマパーク (　　)(　　　　). Anyway, I read that the popularity of 3-D has ⑦落ちた (　　　　) off again.

Susan：That's right. So, you're not a fan of 3-D movies, are you?

You：No, I also don't like wearing the glasses ⑧必要な(　　　　) for 3-D movies. And to make matters ⑨さらに悪く(　　　　), they make me feel ⑩めまいがする (　　　　).

Susan：Movie theater owners are always ⑪探す (　　　)(　　　) ways to make the theater experience unique because many people are now choosing to watch DVD movies at home instead. New technologies ⑫開発中の (　　　) always (　　　)(　　　).

You：I hope the day will come when we can watch 3-D movies ⑬なしで (　　　　) wearing the glasses!

Susan：I hope so, too.

Susan : I really like 3-D movies. Did you know theaters have shown films in 3-D ① (since) the 1950s? I loved "Avatar," the science-fiction movie ② (shown) in 2009.

You : I like 3-D action-adventure or fantasy stories, but I'm not interested in 3-D dramas.

The 3-D effect causes me to get ③ (bored). Plus the price of 3-D movie tickets is ④ (higher) than that of regular movies! I don't want to pay extra just for a ⑤ (special) (effect). Movie theaters aren't ⑥ (theme) (parks). Anyway, I read that the popularity of 3-D has ⑦ (dropped) off again.

Susan : That's right. So, you're not a fan of 3-D movies, are you?

You : No, I also don't like wearing the glasses ⑧ (required) for 3-D movies. And to make matters ⑨ (worse), they make me feel ⑩ (dizzy).

Susan : Movie theater owners are always ⑪ (searching) (for) ways to make the theater experience unique because many people are now choosing to watch DVD movies at home instead. New technologies ⑫ (are) always (being) (developed).

You : I hope the day will come when we can watch 3-D movies ⑬ (without) wearing the glasses!

Susan : I hope so, too.

(**日本語訳**)

スーザン：私は3D映画が大好きなの。映画館では3D映画を1950年代から上映しているって知ってた？　私は2009年に上映されたSF映画の「アバター」が大好きだったわ。

あなた：3Dのアクションアドベンチャー映画やファンタジーは好きだけど、3Dドラマには興味がないな。3D効果で退屈してしまうんだ。それに、3D映画のチケットは通常の映画のチケットよりも高いし。単なる特殊効果にお金を払いたくないんだ。映画館はテーマパークじゃないんだから。とにかく、3Dの人気がまた落ちたという記事を読んだっけ。

スーザン：そうなのよ。じゃあ、あなたは3D映画のファンじゃないのね。

あなた：うん、3Dで必要な眼鏡をかけるのも嫌なんだ。さらに悪いことには、めまいがするし。

スーザン：映画館のオーナーたちはいつも映画鑑賞をユニークなものにできるような方法を探しているのよ、多くの人が家でDVDを見るようになってるから。新しいテクノロジーが常に、開発中なの。

あなた：3D映画用の眼鏡なしで見られる日が来ますように！

スーザン：私もそう願うわ。

Unit
18

答え合わせをした後に、音声を聞きましょう。

 31

3 読み方のコツ

● 書き言葉を話し言葉に変える

もうお気付きでしょうが、TASKでは、評論に書かれている英語を話し言葉に置き換える作業をしました。実際のコミュニケーションではこうした日本語のヒントももちろんありません。「どういうことが書かれていたの?」「どういうことが話されたの?」と相手に聞かれたと仮定して、自分の意見として、あるいは伝達文にすぐ転換できるよう、意識的に練習してみるとよいでしょう。

● ディスコースマーカーを軸に読む

1段落目　最後の文のBut（逆接）で、3D映画の人気が落ちてきていることがわかります。

2段落目　So（順接）で、なぜ3Dの人気は上下するのか、1段落目の内容がさらに深掘りされます。

3段落目　But（逆接）で、映画館はテーマパークではなく、観客は映画のストーリーを楽しみたいとあります。

4段落目　There are also（追加）で、3D技術に関するさらなる問題点が続きます。

5段落目　The world isn't finished、one day、When that day arrivesなどで、将来の見通しについて述べています。

● 現在完了形と現在完了進行形の違いは?

現在完了進行形の方が、現在完了形よりも今も継続していることを強調することができます。これは資格試験でも頻出ですし、ライティングにも使えるようになりましょう。

・現在完了形／現在完了進行形＋since＋過去の一時点　＊これはTOEICの文法問題で頻出です。

Theaters have shown films in 3-D since the 1950s.（映画館では3D映画を1950年代から上映しています）

・現在完了形／現在完了進行形＋since＋主語＋動詞の過去形

Ms. Garcia has been living in New York since she was transferred to the head office.（ガルシアさんは本社に転勤してからずっとニューヨークに住んでいます）

▶ 会話を膨らませよう!

映画館と家の、それぞれの利点を英語にしてみましょう。
「映画館は音響効果がよく、スクリーンも大きい」
Movie theaters have good sound effects and big screen.
「私は家で映画を見るのが好きです。くつろげるし、映画館ほどお金がかかりません」
I like watching movies at home, because I feel relaxed and it costs less than at a movie theater.

「臨場感」は英語で何と言いますか?
「映画館は、家で映画見るよりも、もっと臨場感があります」
Movie theaters give me a more realistic feeling than watching movies at home.
「すごい臨場感ですね!」
What a wonderful feeling of unity!

4 よりよく英文を理解するために、スラッシュの箇所でかたまりごとに意味を考えて読みましょう。さらに音声でも聞いてください。

 32

The Problem With 3-D Movies

Movie lovers sometimes have a difficult relationship with 3-D. / The technology isn't new. / Theaters have shown films in 3-D / since the 1950s, / and every once in a while, / there is a sudden rise / in interest. / Then, not long afterward, / that interest slowly seems to fade. / The most recent boom in 3-D films / started with the science-fiction movie "Avatar" in 2009. / But recent reports show / that over the last few years, / audiences have been attending / fewer and fewer 3-D shows. /

So, why does our interest in this effect / seem to rise and fall? / Film critics and fans of the technology sometimes argue / that only certain kinds of films — usually action-adventure or fantasy stories — / should get the 3-D treatment. / They say / that adding 3-D to dramas, / for example, / doesn't add anything to the story / and will cause audiences

179

to get bored with it. / But is it just boredom / that is making us lose interest? /

Part of the problem is, / of course, money. / Ticket prices are higher for a 3-D show, / so when the boom had just started, / film producers advertised 3-D as a kind of "thrill ride" / to convince audiences / to pay a little extra. / But the movie theater isn't a theme park. / Audiences in theaters / pay for tickets / because they want to see a good story, / not a special effect. / Even the most impressive 3-D effects / won't improve a disappointing story. / Naturally, over time, / audiences have become cautious about / which films are worth the risk. / No one wants to pay extra money / to be disappointed. /

There are also a few issues / with the technology. / Most people don't enjoy wearing / the glasses required for 3-D movies. / And even fewer enjoy wearing / 3-D glasses on top of their regular glasses. / To make matters worse, / a few people experience problems with their eyes / due to the way the glasses work. / Some get mild headaches / and dizziness. The glasses also make the screen / slightly darker / and cause fast movements in the film / to be unclear. / This can make some movies / difficult to watch, / particularly those with a lot of action. /

The world isn't finished with 3-D yet. / With the rise of video streaming services at home, / film producers are always searching for / ways to make the theater experience unique. / And new technologies are being researched / that might, one day, let us watch 3-D movies / in theaters without glasses. / When that day arrives, / perhaps the popularity of 3-D / will rise again. / And if prices come down, / it could become / the way we watch every film.

（　日本語訳　）

映画愛好家たちは、3D との関係がうまくいかないことがあります。テクノロジーが新しくないのです。劇場は 1950 年代から 3D 映画を上映するようになり、時折、興味が著しく上がることがあります。それから、さほど時間が経過しないうちに興味はゆっくりと褪せていくようです。3D 映画の一番最近のブームは 2009 年に SF（空想科学）映画の『アバター』で始まりました。しかし最近のリポートによれば、過去数年間、観客は 3D 映画を徐々に見なくなっています。

それでは、なぜ、実際に関心は上がったり下がったりするのでしょうか？　映画評論家と技術のファンは、ある種類の映画のみ、つまり、通常、アクションアドベンチャーやファンタジー物語だけが 3D 処理されるべきだと主張します。例えば、3D をドラマに加えることは、物語に何もプラスにはならず、聴衆を退屈させることになるでしょう。しかし、この退屈さだけで私たちの興味は失せるのでしょうか？

問題の一つは、当然ですが、金額です。3D ショーのチケット価格は高いので、映画プロデューサーたちは 3D ブームが始まった時、「絶叫マシーン」と宣伝し、観客に少しばかりの特別料金を支払うことを納得させました。しかし、映画館はテーマパークではありません。劇場の観客は良い物語を見たいのでチケットにお金を支払うのであって、特殊効果にお金を支払うのではありません。最も印象的な 3D 効果でさえも、つまらない物語を良くすることはできません。当然のことながら、観客は時間が経つにつれて、どの映画がリスクを取る価値があるかについて注意深くなります。誰も失望するために特別料金は支払いたくないです。

テクノロジーに関する問題も二、三あります。ほとんどの人は、3D 映画を見るために必要な眼鏡を着用することを楽しいとは思いません。ましてや、通常の眼鏡の上から 3D 眼鏡をかけて楽しいと感じる人はもっと少ないでしょう。さらに悪いことには、眼鏡の効果で目に問題を生じる人もわずかながらいます。中には頭痛やめまいが起きる人もいます。眼鏡はまた、スクリーンを少し暗くし、映画の中の早い動きが不鮮明になります。このことは、特にアクションを使った映画を見にくいものにしてしまいます。

3D の世界はまだ、終わってはいません。家庭での映画配信サービスの増加と共に、映画プロデューサーたちはいつも劇場での体験（映画鑑賞）をユニークなものにする方法を探し続けています。新しいテクノロジーが今、開発中で、3D 映画が眼鏡なしで見られる日が来るかもしれません。その日が来れば、おそらく 3D の人気は再び上昇するでしょう。そして価格が下がれば、3D は全ての映画を鑑賞する方法となるかもしれません。

Unit
18

5 英文の内容について下記の設問に答えましょう。解答と解説、翻訳はこの下にあります。

Q1 According to the writer, why do audiences watch movies?
(A) They want to see a good story, not special effects.
(B) They are interested in the special effects.
(C) Their favorite actors appear in the movies.
(D) They receive special tickets for the movies.

Q2 What does the writer say about 3-D movies?
(A) 3-D movies will not be made in a decade.
(B) Many people enjoy wearing 3-D glasses.
(C) Some people regard movie theaters as theme parks.
(D) Their popularity may go up again with the invention of new technology.

解答と解説・訳

Q1 正解 A
記事の書き手によれば、なぜ、観客は映画を見るのですか?
(A) 彼らは特殊効果ではなく良いストーリーを見たい。
(B) 彼らは特殊効果に興味がある。
(C) 彼らのお気に入りの俳優が映画に出演している。
(D) 彼らは映画の特別なチケットを手に入れる。

解説 観客が映画を見る理由が問われてます。3段落目の4文目にAudiences in theaters pay for tickets because they want to see a good story, not a special effect.(観客は良い物語を見たいのでチケットにお金を支払うのであって、特殊効果に払うのではない)を読み取りましょう。正解は (A) です。

Q2 正解 D
記事の書き手は3D映画について何と言っていますか?
(A) 3D映画は10年間は制作されないだろう。
(B) 多くの人は3Dの眼鏡を着用することを楽しむ。
(C) 映画館をテーマパークとみなしている人がいる。
(D) 新技術の発見と共に人気が再上昇するかもしれない。

解説 文全体の結論は、最後の方で述べられます。最後から2文目にWhen that day arrives, perhaps the popularity of 3-D will rise again.(その日が来れば、3Dの人気は再び上昇するでしょう)を読み取りましょう。正解は (D) です。

難易度 ●●●● 4　｜　382語（やや長い）　｜　健康／解説書　　男

1 あなたはアメリカの地方都市に住んでいます。最近、かかりつけ医に勧められて、アメリカ人の夫の父親のために、家庭用血圧計を購入しました。商品に付いてきたリーフレットの内容を、義父に要約して説明しましょう。

● まず、以下のリーフレットの英文を15分を目標に読みましょう。次ページの「単語のヘルプ」も適宜参照してください。

Blood Pressure Self-Monitoring

Your blood pressure is the force with which your blood presses against the inner walls of your blood vessels. High blood pressure, also known as hypertension, is a condition in which this force is too strong. High blood pressure doesn't cause any immediate symptoms that you might notice, but it can be dangerous. Over time, it can cause a wide range of health problems, including strokes, vision loss, heart attacks or heart failure, and kidney disease. This is why high blood pressure is sometimes referred to as "the silent killer."

The good news is that high blood pressure is easy to detect with the right equipment and can usually be controlled through the right diet, exercise and medicine. The first step toward healthy blood pressure is knowing your own status. Measuring your own blood pressure is recommended because it produces accurate results.

To monitor your own blood pressure, begin by consulting your doctor or other members of your healthcare team. They can help you select a product that is best for you and easy to use. The equipment should consist of an inflatable cuff that goes around your upper arm and an electronic readout with data memory.

To ensure an accurate reading, do not exercise, smoke, eat a large meal, take cold medicine or have any caffeine for at least 30 minutes before the measurement. If you take blood pressure medication, measure your blood pressure before you take it, not after. Find a quiet place to sit with the blood pressure monitor. Sit on a comfortable chair with your back straight and your legs uncrossed, with your feet flat on the floor. Place the inflatable cuff around your bare arm just above the

Unit
19

elbow. It should be snug, but not too tight. Support your arm at a height close to heart level. Rest for five minutes before the measurement, and then follow the product instructions. Do not talk, read, text or watch TV while taking the reading.

Take two readings in the morning and two in the evening, one to three minutes apart. The device's electronic memory will store the information from these multiple measurements. Multiple readings will be very useful to the doctor to determine how effective your current treatment is and whether any changes are needed.

単語のヘルプ

他にもわからないものがあったら、辞書で調べて書き足しておきましょう。

blood vessel　血管

hypertension　高血圧　＊high blood pressureと同意。

symptom　兆候

stroke　脳卒中

vision loss　視力障害、失明

heart attacks or heart failure　心臓発作あるいは心不全

kidney disease　腎臓病

be referred to as〜　〜と呼ばれる

detect〜　〜に気付く

consist of〜　〜から成る

inflatable cuff　膨張式カフ

electronic readout with data memory　データメモリが付いた電子読み取り機

ensure〜　〜を確保する、〜を請け合う

measurement　測定

take medication　薬を服用する

with your back straight　背筋を伸ばして　＊straightは副詞。

(with) your legs uncrossed　足を組まないで

with your feet flat on the floor　足を床につけて

place〜　〜をあてる

bare arm　素肌の腕

elbow　肘

snug　ぴっちりした

heart level　心臓の高さ

multiple　複数の

determine〜　〜を決める

current treatment　現在の治療

Unit
19

2 では、義父にリーフレットの内容を説明します。以下のカッコ内に適切な単語を書き入れてください。解答は次ページにあります。

It is said that high blood pressure is dangerous, because people don't usually notice any (s_____). That is why blood pressure (m_____) is so important. Over time high blood pressure can (c_____) a wide range of health problems, including strokes, vision (l_____), heart attacks or heart failure, and kidney disease. Self-monitoring makes it easy to (d_____). If found in time, high blood pressure usually can be controlled through the right (d_____), exercise and medicine.

In order to get an accurate (r_____), you should not exercise, (s_____), eat a large meal, take cold medicine or have any caffeine for at least 30 minutes before your blood pressure reading is taken.

First, sit on a chair with your back (s_____) and your legs uncrossed, with your feet flat on the (f_____).

Then, place the cuff on your bare arm just above the (e_____). Support your arm at a height close to (h_____) (l_____).

(R_____) for five minutes before the measurement. Do not talk, read, text or watch TV (w_____) taking the reading.

It is important to (m_____) your blood pressure twice a day, in the morning and in the evening. (M_____) readings will be useful to the doctor to determine the effectiveness of your current treatment.

TASK の答え

It is said that high blood pressure is dangerous, because people don't usually notice any (symptoms) until it is too late. That is why blood pressure (measurement) is so important. Over time, high blood pressure can (cause) a wide range of health problems, including strokes, vision (loss), heart attacks or heart failure, and kidney disease. Self-monitoring makes it easy to (detect). If found in time, high blood pressure usually can be controlled through the right (diet), exercise and medicine.

In order to get an accurate (reading), you should not exercise, (smoke), eat a large meal, take cold medicine or have any caffeine for at least 30 minutes before your blood pressure reading is taken.

First, sit on a chair with your back (sraight) and your legs uncrossed, with your feet flat on the (floor).

Then, place the cuff on your bare arm just above the (elbow). Support your arm at a height close to (heart) (level).

(Rest) for five minutes before the measurement. Do not talk, read, text or watch TV (while) taking the reading.

It is important to (measure) your blood pressure twice a day, in the morning and in the evening. (Multiple) readings will be useful to the doctor to determine the effectiveness of your current treatment.

(**日本語訳**)

　高血圧は危険だと言われています、普通、手遅れになるまで一切の兆候に気づかないからです。だから血圧を測ることがすごく大切なんです。時間が経つと高血圧は脳卒中、失明、心臓発作、心不全と腎臓病などを含む広範囲の健康障害を引き起こしかねません。自己測定はそれらを発見しやすくします。発見が間に合えば、高血圧は普通、正しい食事、運動、薬でコントロールできます。

　正確な測定値を得るために、測定前少なくとも30分間は運動、喫煙、大量の食事、風邪薬の服用、カフェインの摂取を避けないといけません。

　まず、椅子に座り、背筋を伸ばして、足を組んでいない状態で足裏を床につけます。

　そして、カフを肘のすぐ上の素肌の腕に当てます。心臓に近い高さで腕を支えます。

　測定まで5分間待ちます。測定中は、話をしたり、本を読んだり、携帯でメールをしたり、テレビを見たりしないでください。

　1日に2回、つまり、朝1回と夜1回、血圧を測定することが大切です。複数回の血圧の測定はあなたの現在の治療の効果を医師が決定するのに役立ちます。

Unit
19

答え合わせをした後に、音声を聞きましょう。

🎧 **33**

3 読み方のコツ

● **段落ごとのポイント**

1段落目　高血圧の危険性と引き起こす病気
2段落目　高血圧のコントロールの方法と自分で血圧を測ることの重要性
3段落目　血圧測定器の選び方
4段落目　血圧測定の前の注意事項と血圧測定器の装着の方法
5段落目　定期的な血圧測定のメリット

● **製品などの指示は命令文が多い**

To不定詞＋命令文は、To〜の〜を強調するために使われます。英文中では以下のような形で出てきます。

3段落目　To monitor your blood pressure, begin by ...
4段落目　To ensure an accurate reading, do not exercise, ...

● **「with＋目的語＋過去分詞」に習熟しよう**

4段落目の with your back straight and (with) your legs uncrossed に出てくる「with＋目的語＋過去分詞」の形が使えるようになりましょう。別の例も挙げます。　例：She sat on a chair with her arms crossed.（彼女は腕を組んで椅子に座った）

● **measurementとmeasuresの違い**

4段落目の1文目にmeasurement（測定）が出ています。measures（対策）と間違わないようにしましょう。

 ▶ **話題を広げよう!**

日本語：私は低血圧です。上が80で下が50です。

英語：I have low blood pressure. My blood pressure reads 80/50.

参考：低血圧 low blood pressure / hypotension
高血圧 high blood pressure / hypertension

よりよく英文を理解するために、スラッシュの箇所でかたまりごとに意味を
考えて読みましょう。さらに音声でも聞いてください。

🎧 **34**

Blood Pressure Self-Monitoring

Your blood pressure is the force / with which your blood presses against the inner walls of your blood vessels. / High blood pressure, / also known as hypertension, / is a condition in which this force is too strong. / High blood pressure doesn't cause / any immediate symptoms that you might notice, / but it can be dangerous. / Over time, / it can cause a wide range of health problems, / including strokes, vision loss, heart attacks or heart failure, / and kidney disease. / This is why / high blood pressure is sometimes referred to / as "the silent killer." /

The good news is / that high blood pressure is easy to detect / with the right equipment / and can usually be controlled / through the right diet, exercise and medicines. / The first step toward healthy blood pressure / is knowing your own status. / Measuring your own blood pressure is recommended / because it produces accurate results. /

To monitor your own blood pressure, / begin by consulting your doctor / or other members of your healthcare team. / They can help you select a product / that is best for you and easy to use. / The equipment should consist of an inflatable cuff / that goes around your upper arm / and an electronic readout with data memory. /

To ensure an accurate reading, / do not exercise, smoke, eat a large meal, / take cold medicine or have any caffeine / for at least 30 minutes before the measurement. / If you take blood pressure medication, / measure your blood pressure / before you take it, not after. / Find a quiet place / to sit with the blood pressure monitor. / Sit on a comfortable chair / with your back straight, / and your legs uncrossed, / with your feet flat on the floor. / Place the inflatable cuff around your bare arm / just above the elbow. / It should be snug, / but not too tight. / Support your arm / at a height close to heart level. / Rest for five minutes / before the measurement, / and then follow the product instructions. / Do not talk, read, text or watch TV / while taking the reading. /

Unit
19

189

Take two readings in the morning / and two in the evening, / one to three minutes apart. / The device's electronic memory will store the information / from these multiple measurements. / Multiple readings will be very useful to the doctor / to determine how effective your current treatment is / and whether any changes are needed.

血圧は血液が血管の内壁を圧迫する力です。ハイパーテンションとも呼ばれる高血圧は、この力が強すぎる状態です。高血圧は通常、すぐに気づくような症状を引き起こすことは一切ありませんが、危険になり得るのです。時間の経過とともに、脳卒中、失明、心臓発作や心不全、腎臓病など、広範囲な健康障害を起こす可能性があります。高血圧が「無言の殺人者」と呼ばれるのはこのためです。

幸い、高血圧は適切な装置で簡単に発見できて、通常は正しい食事、運動、そして薬でコントロールできます。健康な血圧への第一歩は、自分自身の状態を知ることです。正確な結果が出るので、自分で血圧を測ることをお勧めします。

自分自身の血圧をモニタリングするには、まず主治医や医療チームに相談しましょう。お客さまに最適で使いやすい製品を選ぶ手伝いをします。装置は、上腕に巻きつけられる膨張式カフと、データメモリ付きの電子読み取り機を備えていなければなりません。

正確な測定値を得るために、測定前の最低30分間は運動、喫煙、大量の食事、風邪薬の服用、一切のカフェインの摂取を避けてください。血圧の薬を服用する場合は、服用後ではなく、服用前に血圧を測ってください。血圧計を着けて座れる静かな場所を探してください。座り心地の良い椅子に座り、背筋を伸ばして、足を組んでいない状態で足裏を床につけます。膨張式カフは、肘のすぐ上の腕の素肌の周りに当てます。ぴったり装着されなければなりませんが、きつすぎてはいけません。心臓に近い高さで腕を支えます。測定前に5分間、じっとしてから、製品の指示に従ってください。測定中は、話をしたり、本を読んだり、携帯メールをしたり、テレビを見たりしないでください。

午前中に2回、夜に2回、1〜3分開けて測定してください。装置の電子メモリーは複数回測定することで情報を蓄積します。複数の測定は医師が現在の処置がどれくらい効果的か、また治療方針の変更の必要があるかを決める際に役立ちます。

5 英文の内容について以下の問いに答えましょう。解答と解説、翻訳はこの下にあります。

Q1 Why is high blood pressure called a "silent killer"?
  (A) It causes many people to die.
  (B) It is difficult to detect, and causes serious diseases.
  (C) It comes from the title of a famous movie.
  (D) It is something people stay silent about.

Q2 According to the article, what is true?
  (A) You should get advice from a shop clerk to select a blood pressure meter.
  (B) You should sit in a chair with your legs crossed when measuring your blood pressure.
  (C) You should not exercise, smoke, etc. for at least half an hour before the blood pressure measurements.
  (D) You should take blood pressure measurements three times a year.

設問と選択肢の訳

Q1 解答 B
なぜ、高血圧は「無言の殺人者」と呼ばれているのですか?
(A) 多くの人を死に至らしめるから。
(B) 発見することは難しく、重い病気を引き起こすから。
(C) 有名な映画のタイトルに由来しているため。
(D) 人々がそれについて語らないため。

解説 1段落目の4〜5行目のHigh blood pressure doesn't cause immediate symptoms that you might notice, ... が読み取れているかどうかが、ポイントです。「すぐに気づくような兆候は引き起こさない」とはつまり、発見が難しいことを意味します。notice が detect に言い換えられている (B) が正解です。

Unit
19

Q2 解答 C
記事によれば、何が真実ですか?
(A) 血圧測定器を選ぶには店員からアドバイスを受けるべきだ。
(B) 血圧測定をする時には足を組んで椅子に座るべきだ。
(C) 血圧測定の最低、30分前は運動や喫煙などは避けるべきだ。
(D) 1年に3回、血液測定をするべきだ。

解説 4段落目の、To ensure an accurate reading, do not exercise, smoke, ... for at least 30 minutes before the measurement. を読み取りましょう。正解は 30 minutes が half an hour に言い換えられている (C) です。

よくがんばりました

難易度 ●●●●● 5 ｜ 600語（長い） ｜ 労働／エッセー ｜ 男

1 次のエッセーを読んで、論の成り立ちをマインドマップにまとめてみましょう。

● まず、以下の英文を30分を目標に読んでみましょう。次ページの「単語のヘルプ」も適宜、参照してください。

Reestablishing the Weekend

The historic coronavirus lockdowns of 2020 brought on many changes in national economies, health care systems and social activities. One of their effects was to force nearly everyone to confront the basic human need for routine.

Psychologists note that the important activities we repeat regularly – our routines – provide structure. This helps us organize our thoughts and actions, which is essential to productivity and mental health. The need to be physically present at an office, job site or school classroom on time every day helps regulate the timing of key life activities like sleeping, working, eating and socializing. Deadlines throughout the day give meaning to our decisions about what to do next. Likewise, the distinction between workdays, weekends and national holidays structures our lives over longer time frames, such as the week, the month and the year.

"Weekends are particularly important in maintaining work-life balance," says Kaspar Benning, a social scientist at Griffens University Graduate School and corporate human resources consultant. "The deadlines and stress of the workweek give personal importance to every freely chosen activity we do on the weekend. And a weekend off work gives significance to our efforts and decisions during the workweek."

According to Benning, our lives are so intimately intertwined with these routines that we hardly notice their structuring role – until they suddenly disappear. That's exactly what happened with the coronavirus lockdown. To prevent person-to-person transmission of COVID-19, millions of workers and students were forced to stay home, curtail or stop working and earning, and drastically limit their outside activity.

The sudden imposition of quarantine rules presents a particularly difficult challenge, according to psychologists. It burdens people with extra anxiety, while also removing the stabilizing, comforting structure of daily life routines. Those who adapted successfully did so by creating new routines, Benning said. They set alarm clocks, learned how to work, shop, and hold meetings online, and otherwise found ways to build structure into every day.

Sandra Ryan, a clothing industry marketing executive and mother of 9-year-old twin boys, is a case in point. "At first I was at a loss," she said. "I was waking up at odd hours of the night, working for a few hours and then sleeping until lunchtime. It took my sons' school a few weeks to organize online classes, so they had no fixed schedule during that time either. We were all losing our sense of the distinction between daytime and nighttime, workdays and weekends."

Ryan says that the need to help her children prepare for online school classes saved her family from this disorientation. "One Monday, my boys had to wake up for an 8:30 a.m. online video classroom. I realized I'd failed to regulate their routines." She reestablished order by imposing strict times for waking, sleeping, eating and working or studying. At work, she had her marketing team set up regular meetings to report on their own scheduling and work activities.

This newfound leadership helped her sons and her marketing team structure their lives during the shutdown. Ryan says her marketing team began looking forward to their weekly Friday afternoon staff meetings, which they used to dread before coronavirus. It helped them structure their time, focus their energy and bring the workweek to a close. "It put a period on the workweek. That was a crucial bit of structure we'd lost during the early days of the shutdown."

Benning says that for all the pain the shutdown caused, it has had some benefits: "People became aware of their need to structure their day and to distinguish workdays from weekends. For many, recovering from the pandemic has led to better self-awareness, efficiency and work-life balance."

単語のヘルプ

他にもわからないものがあったら、辞書で調べて書き足しておきましょう。

bring on 〜 〜をもたらす

confront 〜 〜に直面する

psychologist 心理学者

structure 仕組み、スケジュール

be essential to 〜 〜にとって不可欠である

on time 時間通りに

regulate 調整する

socializing 打ち解けて付き合うこと

give meaning to 〜 〜に意味を与える

likewise 同様に

distinction 区別

time frame 時間枠

maintain work-life balance ワークライフ・バランスを維持する

significance 意義

intimately 密接に

be intertwined with 〜 〜と絡み合う

disappear 消える

transmission 伝染・感染

curtail 〜 〜を削減する

drastically 大幅に

imposition 課すること・押し付けること ※impose は動詞で「課す、強いる」。

quarantine rule 隔離の規則

challenge 問題・課題

burden A with B A に B の重荷を与える

extra anxiety 余計な心配

stabilizing 安定している

adapt 適応する

case in point 適例

at odd hours 変な時間帯に

lose one's sense of 〜 〜の感覚を失う

disorientation 見当がつかないこと

reestablish order 秩序を取り戻す

dread 〜 〜を恐れる

Unit
20

bring ～ to a close ～を終了する、～を締めくくる

benefit 利点

self-awareness 自己認識

efficiency 効率性

TASK

2 読んだ英文を基に、論の成り立ちをマインドマップにまとめてみましょう。空欄を日本語で埋めてください。解答は次ページにあります。

1. ルーティーンの意味

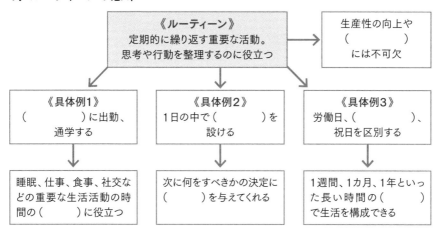

2. 社会科学者兼企業の人事コンサルタント、カスパー・ベニングの見解

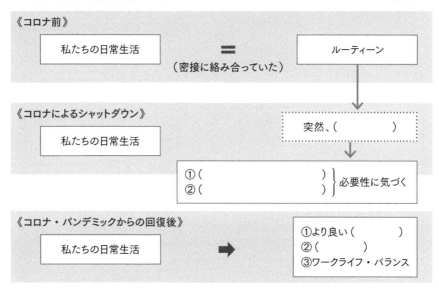

Unit
20

1. ルーティーンの意味

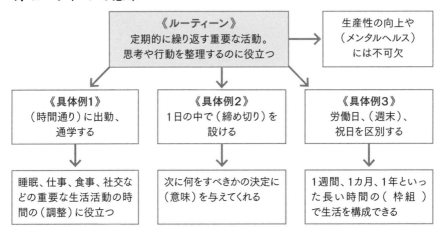

《ルーティーン》
定期的に繰り返す重要な活動。
思考や行動を整理するのに役立つ

生産性の向上や
（メンタルヘルス）
には不可欠

《具体例1》
（時間通り）に出勤、
通学する

《具体例2》
1日の中で（締め切り）を
設ける

《具体例3》
労働日、（週末）、
祝日を区別する

睡眠、仕事、食事、社交な
どの重要な生活活動の時
間の（調整）に役立つ

次に何をすべきかの決定に
（意味）を与えてくれる

1週間、1カ月、1年といっ
た長い時間の（枠組）
で生活を構成できる

2. 社会科学者兼企業の人事コンサルタント、カスパー・ベニングの見解

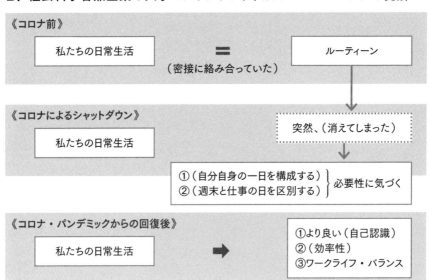

《コロナ前》
私たちの日常生活 ＝ ルーティーン
（密接に絡み合っていた）

《コロナによるシャットダウン》
私たちの日常生活
突然、（消えてしまった）
①（自分自身の一日を構成する）
②（週末と仕事の日を区別する）
必要性に気づく

《コロナ・パンデミックからの回復後》
私たちの日常生活
①より良い（自己認識）
②（効率性）
③ワークライフ・バランス

3 読み方のコツ

● ディスコースマーカーのない、段落ごとの読み方

コロナによるシャットダウンやロックダウンなど、私たちが経験していることについ
ての記事です。ここでは精読の練習をしましょう。

　ディスコースマーカーは使われていませんが、各段落が短いので順序立てて頭に
入れていきましょう。どの段落が誰の話なのかに気をつけて読みます。1段落目の
記事のライターに始まり、心理学者、カスパー・ベニング氏 (社会科学者)、サンド
ラ・ライアン氏 (マーケティング部の役員) の話に続きます。

1段落目　記事のライター：コロナによるロックダウンで多くの変化がもたらされ
　　　　　た。その一つとして、ルーティーン (定期的に繰り返す日常的な行動) が
　　　　　必要だと気づかされた。

2段落目　心理学者：ルーティーンが仕組みを作り上げて思考と行動を整理するの
　　　　　に役立つ。

3段落目　カスパー・ベニング：週末 (休暇) がワークライフ・バランスを作る。

4段落目　ベニング：ルーティーンの役割はロックダウン前には気づかれてなかっ
　　　　　た。

5段落目　心理学者：隔離の規則は人々に余計な心配を与えた一方で、成功者は新
　　　　　しいルーティーンを作り上げる方法を見つけた。

6段落目　サンドラ・ライアン：ロックダウンの初期に昼と夜、就業日と週末の区別
　　　　　を失った。

7段落目　ライアン：子どもの学校のオンライン授業の準備を通し、スケジュールの
　　　　　大切さを学び、職場の定例ミーティング開催に応用した。

8段落目　ライアン：毎週金曜日にスタッフ・ミーティングを開催し成功する。

9段落目　ベニング：シャットダウンが人々にもたらした利点に言及。具体的には、
　　　　　①一日の計画を立て、②労働日と週末を区別する必要に気付いたこと。
　　　　　そして、より良い①自己認識、②効率性、③ワークライフ・バランスへと
　　　　　つながった。

● be forced to ～に注目!

4段落目の最後の文のbe forced to ～ (やむを得ず～する、～せざるを得ない、
仕方なく～する) に注目しましょう。... millions of workers and students
were forced to stay home, (何百万もの労働者が家にこもることを強いられ
ました) というふうに、文によってどういう日本語が適切かが変わってきます。別の
例も挙げておきましょう。　例：Many shops were forced to shut down
due to the pandemic. (パンデミックのために、多くの店は閉店を余儀なくされ
た)

● lockdown の関連表現

「ロックダウン」という言葉は、すでに日本語でもおなじみになっていますが、英語の中での正しい用法も覚えておきましょう。以下にフレーズの例を挙げます。

go on lockdown（都市封鎖する）、enforce a lockdown（[都市] 封鎖を施行する）、impose strict lockdown measures（厳格な [都市] 封鎖策を行使する）、during the coronavirus lockdown（コロナウィルスによる [都市] 封鎖の間）、be under lockdown（[都市] 封鎖されている）、unwind/loosen the lockdown（[都市] 封鎖を緩和する）、lift the lockdown（[都市] 封鎖を解除する）

● 簡単なのに使いづらい case in point（適例）

簡単な英単語の組み合わせですが、使えない人が多いようです。ここでは6段落目の冒頭文で Sandra Ryan, 〜 is a case in point.（サンドラ・ライアンは〜の適例です）に出てきます。例文を学習しましょう。例：I believe this is an excellent case in point.（これは素晴らしい好例だと思います）

● 広範囲に使える lead to 〜（〜という結果になる）

硬い英語でもカジュアルな英語でも、広範囲に使える便利な表現です。また、良い結果になる場合も、悪い結果になる場合も使えます。文中では、最後の文で、recovering from the pandemic has led to better self-awareness, efficiency, and work-life balance（パンデミックからの回復は、より良い自己認識と効率性とワークライフバランスへとつながりました）とあります。いくつか例文を挙げましょう。例：The good weather will lead to a good harvest.（良いお天気は良い収穫につながるでしょう）／Eating too little may lead to serious health problems.（食べる量が少なすぎると、深刻な健康問題につながるかもしれません）

Tip ▶ 会話の幅を広げよう！

自粛期間中に、アメリカの友人から、I'm doing self-quarantine. とメールが来ました。これは、「私は自主隔離しています」を意味します。quarantine は名詞では「隔離・検疫（所）」、動詞では「隔離する・検閲する」の意味があります。I am quarantined.（私は隔離されています）という使い方もできます。

4 よりよく英文を理解するために、スラッシュの箇所でかたまりごとに意味を考えて読みましょう。さらに音声でも聞いてください。

🎧 **35**

① The historic coronavirus lockdowns of 2020 / brought on many changes / in national economies, healthcare systems and social activities. / One of their effects was / to force nearly everyone to confront the basic human need for routine. /

② Psychologists note / that the important activities / we repeat regularly — our routines / — provide structure. / This helps us organize our thoughts and actions, / which is essential to productivity and mental health. / The need to be physically present at an office, job site or school classroom / on time every day / helps regulate the timing of key life activities / like sleeping, working, eating and socializing. / Deadlines throughout the day / give meaning to our decisions / about what to do next. / Likewise, the distinction between workdays, weekends and national holidays / structures our lives over longer time frames, / such as the week, the month and the year. /

③ "Weekends are particularly important / in maintaining work-life balance," / says Kaspar Benning, / a social scientist at Griffens University Graduate School / and corporate human resources consultant. / "The deadlines and stress of the work week / give personal importance to every freely chosen activity / we do on the weekend. / And a weekend off work gives significance / to our efforts and decisions during the work week." /

④ According to Benning, / our lives are so intimately intertwined with these routines / that we hardly notice their structuring role / — until they suddenly disappear. / That's exactly what happened / with the coronavirus lockdown. / To prevent person-to-person transmission of COVID-19, / millions of workers and students / were forced to stay home, / curtail or stop working and earning, / and drastically limit their outside activity. /

Unit
20

⑤ The sudden imposition of quarantine rules / presents a particularly difficult challenge, / according to psychologists. / It burdens people with extra anxiety, / while also removing the stabilizing, comforting structure / of daily life routines. / Those who adapted successfully / did so by creating new routines, / Benning said. / They set alarm clocks, / learned how to work, shop, and hold meetings online, and otherwise / found ways to build structure into every day. /

⑥ Sandra Ryan, a clothing industry marketing executive / and mother of nine-year-old twin boys, / is a case in point. / "At first I was at a loss," she said. / "I was waking up at odd hours of the night, / working for a few hours / and then sleeping until lunch time. / It took my sons' school / a few weeks to organize online classes, / so they had no fixed schedule / during that time either. / We were all losing / our sense of the distinction / between daytime and nighttime, / work days and weekends." /

⑦ Ryan says / that the need to help her children / prepare for online school classes / saved her family from this disorientation. / "One Monday, / my boys had to wake up / for an 8:30 a.m. online video classroom. / I realized I'd failed to regulate their routines." / She re-established order / by imposing strict times / for waking, sleeping, eating and working or studying. / At work, she had her marketing team / set up regular meetings / to report on their own scheduling and work activities. /

⑧ This newfound leadership / helped her sons and her marketing team structure their lives / during the shutdown. / Ryan says her marketing team began looking forward to / their weekly Friday afternoon staff meetings, / which they used to dread before coronavirus. / It helped them structure their time, / focus their energy and bring the work week to a close. / "It put a period on the work week. / That was a crucial bit of structure / we'd lost during the early days of the shut-down." /

⑨ Benning says that / for all the pain the shutdown caused, / it has had some benefits: / "People became aware of their need / to structure their day, and to distinguish work days from weekends. / For many, recovering from the pandemic / has led to better self-awareness, efficiency / and work-life balance." /

(**日本語訳**)

①2020年春の歴史的なコロナウィルスによるロックダウンは、国の経済、医療制度、社会活動に多くの変化をもたらしました。その影響の一つは、ほとんど全ての人がルーティーンに対する人間の基本的欲求に直面させられたことでした。

②心理学者は、私たちが定期的に繰り返す重要な行動—ルーティーン—が仕組みを作りあげると指摘します。これは、生産性とメンタルヘルスに不可欠な思考と行動を整理するのに役立ちます。毎日決まった時間にオフィスや職場、学校の教室にいることは、睡眠、仕事、食事、社交などの重要な生活活動のタイミングを調整するのに役立ちます。1日を通しての締め切りは、次に何をすべきかの決定に意味を与えてくれます。同様に、労働日と週末、祝日の区別は、週、月、年などのより長い時間の枠組みで、私たちの生活を構築します。

③「週末はワークライフ・バランスを維持する上で特に重要です」と、グリフィス大学大学院の社会科学者であり、企業の人事コンサルタントでもあるキャスパー・ベニング氏は言います。働く1週間の締め切りとストレスは、週末に私たちがしようと自由に選んだ全ての活動に重要性を持たせてくれます。そして週末の休みは、働く週における努力と決定を意義のあるものにしてくれます。

④ベニング氏によると、私たちの生活はこれらのルーティーンと非常に密接に絡み合っているため、ルーティーンが突然、消え去るまでは、ルーティーンの仕組みを作る役割に気付くことはほとんどないのです。まさにそれがコロナウィルスのロックダウン中に起こったのです。COVID-19のヒトからヒトへの感染を防ぐために、何百万人もの労働者と学生が家にこもり、仕事や収入を減らしたり、やめたりせざるを得ず、外での活動を徹底的に制限することを強いられたのです。

⑤心理学者によると、伝染病予防のための隔離の規則が突然押し付けられたことによって、特に困難な問題が生じました。その問題のために、人々は、日常生活の安定で快適な「スケジュール（日課）」を奪われただけではなく、過剰な心配を強いられました。うまく適応できた人たちは、新しいルーティーンを作ることで成功したとベニング氏は語ります。彼らは目覚まし時計をセットしたり、働き方、買い物の方法、オンライン会議の開催の方法を学んだりなどして、毎日の中に仕組みを作り上げる方法を見つけました。

⑥9歳の双子の男の子の母親であり、衣料業界のマーケティング担当役員であるサンドラ・ライアン氏がその適例です。「最初は途方に暮れました」と、彼女は言いました。「私は変な時間帯に起きて、数時間働き、そしてランチタイムまで眠りました。息子の学校がオンライン授業をまとめ上げるまで数週間かかりましたので、息子たちもその期間中は決まったスケジュールがありませんでした。私たちは昼と夜、就業日と週末の区別の感覚を失っていました」。

⑦ライアンさんは、子どもたちのオンラインの学校授業の準備を手伝う必要があったため、家族はこの混乱から救われたと話します。「ある月曜日、私の息子は8:30 AMのオンラインビデオの授業に出るために起きなければなりませんでした。私は彼らのルーティーンの管理に失敗していたことに気づきました」。彼女は起床、就寝、食事、仕事、勉強に厳しい時間を課して秩序を再構築しました。職場では、マーケティングチームに定例ミーティングを設定させ、自分たちのスケジュールや業務活動について報告させました。

⑧この新たなリーダーシップのおかげで、彼女の息子たちとマーケティングチームはシャットダウン期間中の生活を構築することができました。ライアン氏によると、彼女のマーケティングチームは、毎週金曜日の午後に開かれるスタッフ・ミーティングを楽しめるようになりました。それは、コロナウィルスに感染する前に嫌がられていたものでした。スタッフ・ミーティングは時間を構築し、エネルギーを集中させ、1週間の仕事を終わらせるのに役立ちました。それはシャットダウンが始まった初期に

失ってしまっていた、重要な仕組みの一部だったのです。

⑨ベニング氏はシャットダウンがもたらした苦痛にもかかわらず、それはいくつかの利点があったと話します。「人々は自分たちの一日の計画を立てる必要性と週末から労働日を区別する必要性に気づきました。多くの人にとって、パンデミックからの回復は、より良い自己認識と効率性とワークライフ・バランスへとつながったのです」。

5 英文の内容について以下の問いに答えましょう。解答と解説、翻訳はこの下にあります。

Q1 Which of the following is the most appropriate title for the essay?
(A) The importance of creating new routines.
(B) The need to be physically at a job site.
(C) The importance of meeting deadlines.
(D) The distinction between workdays and weekends.

Q2 According to the psychologist, which of the following is true?
(A) Everyone stayed at home during the quarantine period.
(B) People should study psychology.
(C) Setting deadlines is not helpful.
(D) Making up a time frame is important.

解答と解説

Q1 解答 A
このエッセーにふさわしいタイトルは、おそらくどれだと思われますか?
(A) 新しいルーティーンを作ることの重要性。
(B) 仕事の現場に姿を見せることの必要性。
(C) 締め切りを守ることの重要性。
(D) 労働日と週末の区別。

解説 冒頭の段落で One of their effects was 〜 routine.(コロナウィルスによるロックダウンの影響の一つは人々がルーティーンの必要性に直面させられたこと)であると述べられています。また5段落目の3文目で、Those who adapted successfully did so by creating new routines.(新しいルーティーンを作ることで成功した)と書かれているので正解は (A) です。(B)(C)(D) は、全て記事の中に含まれていますが、包括的なタイトルにはならないので誤答です。

Q2 解答 D

心理学者によれば、何が真実ですか?

(A) 全ての人々は隔離期間中は家にいた。
(B) 人々は心理学を勉強すべきである。
(C) 締め切りを設けることは役に立たない。
(D) 時間枠を作ることが大切である。

解説 心理学者 (psychologist) の見解について書かれている2段落目を読むと、deadline や、労働日と週末の区別など、時間枠 (time frame) の重要性が書かれているので正解は (D) です。

Unit
20

よく頑張りました!
Excellent!

柴山かつの

日米英語学院梅田校講師。フリーランスビジネス通訳者、通訳ガイド。元京都産業大学非常勤講師。多くの大学・企業でTOEIC、ビジネス英語、英検、通訳ガイド講座の講師歴を持つ。英検1級、通訳案内士国家資格保持。著書に『英語のWeb会議 直前3時間の技術』『英語の会議 直前5時間の技術』（アルク）、『あなたも通訳ガイドです 英語で案内する京都』『同　東京・鎌倉・日光』（ジャパンタイムズ）、『世界で戦う人の英語面接と英文履歴書』『短期集中講座！ TOEIC® L&R TEST 英文法』（アスカカルチャー）、『世界中使える旅行英会話大特訓』『すぐに使える接客英会話大特訓』（Jリサーチ出版）他多数。うち8冊は海外で翻訳出版されている。特技は犬のトレーニング、夢は英語の小説を出版すること。poppymomo@hotmail.com

4-in-ONE シリーズ

『4-in-ONE intermediate 中級』

発行日：2021年1月27日（初版）

著者：柴山かつの
編集：株式会社アルク 書籍編集チーム
英文執筆：Braven Smillie ／Owen Schaefer
英文校正：Peter Branscombe ／Margaret Stalker
アートディレクション・本文デザイン：伊東岳美
ナレーション：Rachel Walzer ／Michael Reese ／Josh Keller
音声録音・編集：株式会社メディアスタイリスト／有限会社ログスタジオ
DTP：朝日メディアインターナショナル株式会社
印刷・製本：日経印刷株式会社

発行者：天野智之
発行所：株式会社アルク
　　　　〒102-0073 東京都千代田区九段北4-2-6 市ヶ谷ビル
　　　　Website: https://www.alc.co.jp/

地球人ネットワークを創る

アルクのシンボル
「地球人マーク」です。